近江漫遊

歴史と古典の世界に遊ぶ

菊池光治著

はしがき

滋賀の湖北と言われる所に住んで四十年となる。ここ近江の地は奈良、京都の二大古都を控えてやや地味な存在であるが、歴史的に見ると日本の文化の形成に大きい役割を担っていた地域といえる。特に古代日本に文明をもたらしたのは朝鮮を経由した中国文化であったが、その伝達ルートは一つには九州から瀬戸内を伝わる道であり、もう一つは山陰から若狭を経て琵琶湖をたどるルートであった。すなわち近江は日本の文明伝達の大動脈のひとつを形成していた。高い技術と知識を持つ大陸からの渡来人は、近江の地にも多くの足痕を残している。巨大な淡水湖琵琶湖は湖上水運の道をつくり、稲作や漁労による生活の安定は、万葉集にはじまる文学や芸能の舞台としても人の心の楽浪となった。一方、平城、平安に代表される都への入り口として要衝の地であったため、幾多の戦いの場ともなった。そんな近江の姿を、当地からの発信として紹介し、ロマンあふれる歴史街道の漫遊をお楽しみ頂けたら幸いである。

菊池　光治

二〇〇八年八月

目次

近江漫遊

古都散策

湖北の能舞台

太郎坊宮の正月（滋賀県東近江市）

雪原と伊吹山

菅浦の夕照

菅浦　四足門

塩津海道の道標

銀波暮照

青山と魞

金剛輪寺の石地蔵群

金剛輪寺の紅葉

安土　教林坊の秋

近江漫遊

菅浦

高島の阿渡《あと》の水門《みなと》を漕ぎ過ぎて　塩津菅浦《すがうら》今か漕ぐらむ
（小辨　万葉集　巻九）

琵琶湖の最北端に湖に伸び出している半島がある。葛籠尾崎《つずらをざき》である。その先端に菅浦はある。漁労を生業とする小村である。静かな波面に釣糸を垂らすと憂き世のことはすべて忘れ去り、平安の風が心地よく眠りを誘う。しかし、ここには驚くべき事実があったのである。

菅浦へ至るルートは、昔は水路が主であったと思われるが、勿論陸路もある。一つは山越えをして来る路と、もう一つは湖岸沿いに辿る路である。主要街道からは離れているので、目的もなしに陸の孤島のようなこの地を訪ねる人はいなかったであろう。そんなせいで、この地には歴史的に極めて貴重な文書「菅浦文書」が残っている。また村落形態や風習としても興味深いものがあるといわれる。菅浦文書とは南北朝から室町期のものが存在するが、その中に村の掟や事件の処理が記録されており、それを見ると村民自らが、掟を定め実施していた。こんな昔に村人が自治をしていたことが文書からわかるのである。この村落は惣《そう》村と呼ばれる。平安時代の荘園制が崩壊し武士階級が台頭したものの、領民をコントロールする力はまだなかった。自村のことは勿論、他所との争論、中央権力者への裁定の依頼など全て自らやらねばならなかった時代であったのである。文書の中には、菅浦土民、菅浦百姓とあるが、なんと隣村の大浦と近隣の村落を巻き込んで合戦もしているのである。この合戦は二百年も続いたという。村への出入りは厳しくチェックされたようだ。四ヶ所に門があり、現在はその中二ヶ所が残っている。四足門と言われ小さいが厚い茅葺の屋根はどっしりとした存在感があり、何百年も前にタイムスリップした様な不思議な感覚となる。

菅浦に至る道は、今は、高月からの山越えの道も、大浦からの湖岸の道も立派な自動車道となっており、湖北の絶景を楽しむことができる。奥琵琶湖パークウェイの展望台から眼下を見ると、静かな菅浦の村落が何事も無く夕日の中に沈んでゆく。

ここ葛籠尾崎は、さらに時を遡れば湖底より縄文、弥生の土器が多出する謎の地帯でもある。

深坂古道（塩津海道）

知りぬらむ　ゆききに慣らす塩津山　世にふる道はからきものぞと　（紫式部）

琵琶湖の最北端へ国道八号線で飯浦《はんのうら》から藤ヶ崎トンネルをぬけると塩津浜である。現在は干拓によりかなり陸地化してしまっているが、昔は奥深い入江であり対岸との往来には舟が必要であった。塩津はその名の様に日本海側からの塩をここで船積みし、大津方面へ湖上輸送したものであるが、今は何の面影もなく、車はたやすく走り抜ける。

深坂へ行くには、近江鶴ヶ丘のバス停から国道を離れて側道へ入るが車の走行はできない。これから徒歩で峠道へと入ってゆく。どんなに辛い道かと恐れをなしながら山道を行くと、杉木立の中に立派な道が現れたのにはまったく驚かされた。道幅は二間程もあろうか、緩やかな上り坂は歩きやすい石段となっていて、側溝には涼しげな水が流れている。立派な屋敷跡と思われる石組みには緑苔が美しい。ここが海道であった頃、海産物の問屋があったのである。この立派な道を上りきると深坂地蔵である。この地蔵はまた掘止地蔵とも言われる。掘り止めとはその昔平重盛が琵琶湖と日本海を結ぶ運河を掘ろうとしたが岩盤が固く断念せざるをえず、その時に掘り出されたのがこのお地蔵さんだったとの伝説に由来する。

地蔵堂を目指して歩くと随分の人である。子供からご老人までおしゃべりをしながら歩いている。この山中になぜかと奇異に思ったが、今日九月二十三日は年に一度のお地蔵さんのお祭りの日であったのである。廃道となったはずの塩津古道が美しく保たれているのは、地蔵に至る信仰の道として生きていたのである。地蔵堂の先が深坂峠であり、滋賀と福井の県境となる。

紫式部は父親藤原為時が越前の国守の地位を得たため、父親に従って越前へ赴かざるを得なかった。時に紫式部は十九歳であった。都を離れて雪深い田舎に行くのは年頃の娘にとってはそれこそそからき道であったであろう。琵琶湖の西岸、三尾の里にて

「みをの海に網ひく民の手間もなく　立居につけて都恋しも」と詠んでいる。

越前では雪深い白山を見てその向こうの京都に帰ることを心待ちにする日々であったが、やがて父親に先んじて帰京することとなる。

みずうみにて伊吹の山の雪いと白く見ゆるを見て
　名に高き越の白山ゆき馴れて　伊吹の嶽を何とこそ見ね

紫式部は琵琶湖の西岸を通って越前へ赴いたが、帰りの道は琵琶湖の東岸を通ったのである。この歌は長浜あたりで詠んだのかも知れない。

白山信仰

白冠をいだきて今日も輝けり　伊吹に神のおはすとぞ見ゆ

越前の白山の方がもっと神々しいわよと言われてしまいそうだが、山頂の光輝く純白は、穢れを知らぬ神性を秘め、憧れと恐れを人に抱かせる。また雪を頂く山は豊かな水を約束するものでもある。白山信仰は越前にて僧泰澄の開祖によると言われるが、近江にもその伝承を有する社寺は少なくない。伊吹山周辺にも幾つかの白山神社がある。長浜市加納町の白山神社は鳥居の正面に立つと、拝殿の屋根の上には白冠を頂く伊吹山が見え自然に山を拝む講造となっている。

湖北観音

琵琶湖の北東部、湖北地方は観音の里と言われるほどに古くからの観音信仰の厚い所である。この地区の観音像は幾つあるのであろうか。奥びわ湖観光連盟発行の観音路マップを見ると五十躰以上あることがわかる。今は鄙びた農村地帯であるのでその日常を見る限り、この様な観音文化が栄えた理由は全く解らない。この辺りを理解するのに思い切って千年以上タイムスリップしてみよう。

この地方は伊香《いか》郡と呼ばれる様に古代には、豪族伊香《いかご》氏の支配する地域であったし式内神社の多いことでも知られている。高月町西野の丘陵地帯には百を越える古墳があり、岐阜県との境をなす金糞《かなくそ》山は鉄の出る山を意味するという。木之本の古橋地区には古代に製鉄を行った遺構が見つかっている。また木之本の大音《おおと》地区では絹糸造りの伝統もある。当時大陸から渡来した新技術である製鉄や製絹がこの地で栄えたのであった。琵琶湖を控え日本海から上陸した文明伝達の道の中で一つのオアシスを形成していたのである。古墳時代から時を経て仏教の栄える時となってもこの地の古代の熱気はまだ失われていなかったのであろう。最澄がもたらした天台密教と泰澄の開祖と言われる山岳信仰が結びつき、この地に一大拠点、己高山《こだかみやま》仏教寺院群が存在し多くの堂宇が軒を連ねていた。この影響の下、近在各地に観音堂が建立され信仰を集めたものであろう。

しかし、神社仏閣も肥大化するにつれ、本来の信仰とは別にその維持のため時の権力と結びついて、その経営を計らざるを得なかった。これがまたその滅亡への引鉄になったことは皮肉である。新しい時代を求める者にとって守旧派は不要の存在であった。この地区の堂宇は度重なる戦乱や災害で失われ、その存在意義すらも忘却の中に消えていった。しかし観音堂の中の仏像は地区住民により、ひそやかに息を殺して守り続けられたのであった。信仰の原点の灯火は消えなかったのである。

渡岸寺《どうがんじ》(向源寺) 奇跡の十一面観音

JR高月駅と国道三六五号線の中間に渡岸寺はある。駅からも遠い距離ではない。ここに国宝の十一面観音立像がある。この寺も元は天台宗であり七堂伽藍があったが、浅井と織田の戦いに巻込まれ姉川の合戦の際にほとんどの堂宇は焼失した。この動乱の最中に仏像は地区住民により土中に埋められ難を免れたのであった。この仏像を初見の人は一様に驚き、打たれる。「よくぞ……」と。その造形は完璧に往時の姿を残しているのである。

半眼に閉じた目で今にも真直ぐに歩み出そうとしているその姿の高貴と流麗な彫刻の匠の技に心打たれるのである。尊顔は深い哲学性をもって見る者に問いかける。頭上の十面はあるいは怒りあるいは笑い、刻々と変化する世の習いを豊かな表情で示しているが、特に上頭部の如来相の慈悲と背後の暴悪大笑相の豪快な笑いを見事に表し、瓔珞《ようらく》、耳璫《じとう》、裳《も》、天衣《てんね》は深く緻密な彫りである。後部に廻ると美しいプロポーションに微妙な腰のひねりが加わり生身の官能を感じさせる。千年に亘る仏師の華麗な歌は今も聴く者を陶然とさせるのである。

石道寺《しゃくどうじ》 十一面観音

高時川の支流瀬谷川に沿ってゆっくりと坂を上ってゆくと、山側にひっそりとした佇まいの石道寺に出る。小さい堂がひとつ残る廃寺である。六月の煙雨に紫陽花が美しい。ここにまた奇跡の観音像がある。小さい堂に入ると老婆が一人座っていて、説明のテープを回してくれる。仏像を一目見ると、よくぞこの山間にこの姿を保たれたものと驚かされるのである。像の高さは百七十センチほどであり、豊かな体躯には彩色も薄く残っている。そして少し見開いた眼で観音の慈悲にすがる者をじっとご覧になっているのである。そのやさしさゆえに子宝を授かりたい人たちからも篤い信仰がある。

ここ石道寺はこの地域としては比較的近年まで、その規模を保っていたとは信じがたいことである。天台密教寺院として開基されたのは他と同じであるが、十四世紀になって真言宗に変わり、戦国時代には浅井、羽柴、また徳川の支援を受け江戸期まで格調高い名刹であった。しかし、明治期に入り山門の焼失や山津波による堂宇の流失があり、ついに廃寺となり大正四年に現在地へ厨子と堂材を持って移設されたという。

観音は一歩踏み出そうとしている様に右足の親指がそり上がっている。その天衣の彫りは鋭く今ここに吹いている風に舞っている様に見える。黒い厨子の扉は微かに凹凸が見られ手斧仕上げである。鉋の無かった古い時代から連綿と伝わってきたことを静に語ってくれる。堂の建材は新旧混在しているが太い丸柱や木鼻の深い彫刻は時を遡ってありし日を偲ばせる。厨子の中には三躰の十一面観音があるが、二躰が石道寺のもの、もう一躰は高尾寺のものである。厨子の外には多聞天と持国天があるが、鎌倉時代のもので力漲る優品である。旧石道寺も高尾寺も現在の位置からはさらに一キロ程山へ分け入った所にあった。旧石道寺伽藍絵図が残っていてその様子が分かるが、九乃至十の堂宇が数えられる。江戸期のものである。

鶏足寺　十一面観音（己高閣に収納）

己高閣は木之本町古橋地区にあるが、今は廃寺となった鶏足寺の仏群を中心に収納されている。この地は己高山仏教寺院として千二百年以前から山岳仏教のメッカであった。興福寺の「官務牒疏」には己高山五箇寺及び別院として多くの堂宇があったことが記されている。しかし今では己高山山頂付近にあった鶏足寺も無住、廃寺となり、時の無常を感じさせる。そんな廃寺の無残な姿の中から近年になって己高閣《ここう》と世代閣《よしろ》の二つの仏像収蔵庫が設けられ、散逸寸前の仏群が集められたのであった。

己高閣の収蔵の中心は十一面観音立像である。頭部と躰部は別作らしいが、半眼をもって下方を見据える尊顔は深い精神性を感じさせるのである。ここにはこの観音以外に法華寺の薬師如来七仏などが収納されているが、その中で兜跋毘沙門天は興味深い。両腕は無くかなり毀損しているが、脚間の童女の様なあどけない相の地天女と共に見る者に古代の風を噴出し語りかけてくる優品である。

戸岩寺　魚籃観音（世代閣に収納）

この観音像はめずらしい姿である。日本の仏像は偏祖右肩で左肩に衣があり、右肩を露出するもの、もしくは両肩に衣のあるものが多い。この魚籃《ぎょらん》観音は諸肌脱ぎで上半身には衣が無く、右手に蓮の花を左手に魚の入った籃《かご》を持っている。いかにも海に近い南方の漁労文化を感じさせる親しみの持てる観音像である。眼を半眼に閉じた豊満な観音像はなぜ山岳信仰のこの地にあるのであろうか。琵琶湖は近いし山の向こうは日本海であることを思えば、そう不思議ではないのかも知れない。豊漁を祈る村人には大いに頼もしい存在だっただろう。

魚籃観音は市場に魚を売りに現れる女が実は観音の化身であったという中国の説話による変化観音の一つであるが、巨大な鯉の上に乗っている姿が多い。この観音の姿の意味する所については諸説ある。観音の乗っている巨大な魚は今風に考えれば、観音を助けて水上どこにでも運ぶ高速艇であると見えるのだが、巨魚は他の魚を食べる悪魚であるので観音がその上に乗って懲らしめている姿であるという。また籃を手に持った姿の方は、西遊記の中では三蔵法師が妖怪によって水の中に閉じ込められたが、水の中なのでさすがの孫悟空や猪八戒も手が出ない。そこで悟空は観音様に助けを求めた。観音は急いでやって来て雲の上から水中に籃を入れて呪文を唱えてからそれを上げると、中に大きい金魚が入っていた。妖怪とはこの金魚であったというのだが。四方を海に囲まれ魚が大好きの日本人にはこの様に魚を悪者扱いする考えはピンと来ないので、この様な変化球でなく素直に考えたらよいと思われる。水に関係しているので舟人の信仰を集めた観音である。

ここ世代閣には魚籃観音以外にも多くの戸岩寺の仏像が収蔵されている。中心は薬師如来立像であり、天平から平安初期の作といわれ、どっしりとした重量感がある。その両脇に日光、月光菩薩像がある。鎌倉期の作であるが彩色も残り、匂うばかりに美しい色気があり、一度見た人を虜にしてリピーターにしてしまうこと必須である。横を固める十二神将も古仏の芳香をはなっている。この収蔵庫以外にも境内の堂には幾つかの如来像、菩薩像、四天王像がある。

この地域には、この他にも多くの観音像がある。人の命は有限であり、住む僧も無い古寺は、廃寺となって朽ちる。しかし、住民に守られた仏像は、朽ちることなく永遠の命を持ち続ける。仏の魂とこれを大切に思う人の心の交流が、千年を経て今日までこれを伝えしめていることは嬉しいことである。

冨田人形と米国人留学生

私の住む長浜市の北隣がびわ町（注、二〇〇六年に長浜市と合併）であり、その中に冨田《とんだ》地区がある。ここで人形浄瑠璃のユニークな取り組みがなされている。

冨田では地区の方々により人形浄瑠璃が上演され、そのための会館もある。そして毎年海外からの留学生を受け入れ、日本の伝統ある人形文化を伝授しているのである。この夏も約三十名の米国人留学生に二ヶ月間の指導を行い、最後に同町のホール、リュートプラザにて成果を発表する（なんと入場料を取って！）。学生にとっては夏休み中の日本文化体験講座として授業単位となるのである。人形浄瑠璃がメインテーマではあるが、書道、茶道の伝統文化や工芸、歴史的社寺仏閣の見学等のカリキュラムも組まれている。学生は冨田人形会館の近隣にホームステイするが、我家も一人受入れることとなった。学生はハイスクールを卒業したての者から、日本文学のドクターコースに在籍する者、医学生だが異分野の勉強のために来日した者など様々であり、男女半々位である。

冨田人形《とんだにんぎょう》は阿波の人形芝居に由来する。天保年間のこと、阿波の人形芝居の一座がこの地区に滞在の折雪に閉じ込められた。この地は冬場はかなりの雪となることがある。路銀も尽き代りに人形や道具を置いて行ったので、この地で人形芝居が始まったとのことである。緑なす田園地帯の真中に、今では伝承する人も少なくなった伝統芸能がひそやかに息づいていることに驚きを禁じ得ない。

さて、学生達は三つのグループに分かれて勉強する。すなわち人形遣い組み、三味線組、浄瑠璃を唄う大夫組である。二ヶ月とはいえ研修旅行や他の講義もあるので、とても十分な期間とは言えない。発表会の日いかなることと相成るか興味津々で観察する。金髪茶髪黒髪のお姉さんお兄さん、結構人形を操っているではないか。難しいと思われた三味線もべべんと太棹の音がした。やれやれである。浄瑠璃節を聴くうちに何だか気持ちが良くなって、天に浮遊する感じがしてくる。どこかで聴いた気もする。そうだこれは天主堂の中のコラールの響きである。ウウム浄瑠璃も国際的発展を遂げると聖歌と化すのか、大夫のうなり節を若い子にさせても無理だよなーと納得した次第である。

人形浄瑠璃は歌舞伎と演目は共通のものが多いが、人形にしか出来ない独特の面白味もある。寿式三番叟《さんばそう》や菅原伝授手習鑑寺子屋の段の子役の剽軽な動きはとても人間では表現できるものではない。また、壇浦兜《だんのうらかぶと》軍記の阿古屋琴責《あこやことぜめ》の段では、人形は人間以上に上手に演奏する。

琴から三味線、胡弓へと次々と楽器を換えて奏する指遣いは、名人芸を越して神業に至るのである。

やがて冨田の留学生達は別れを惜しみつつ離れて行った。この様な形で播かれた種が将来どんな花を咲かせるであろうか、楽しみなことである。

妖精《フェアリー》の舞いつ歌いつ消えゆきぬ　冨田の夏の夢舞台かな

（二〇〇四年）

湧出山の蝶

湧出山《ゆるぎやま》は湖北の高月町の北端にあり木之本町との境界をなす、標高二〇〇メートルの丘陵である。東側は己高山の山麓に高時川が流れ、湧出山との間に狭隘な平地を作り、ここに北国街道（国道八号）と北国脇往還（国道三六五号）、それにＪＲ北陸線、北陸高速自動車道が南北に貫いている。湧出山の頂で弥生時代の住居跡が発掘されたとの高月町教育委員会の発表に、早速現地説明会に参加した。

高月町唐川《からかわ》地区の赤後寺《しゃくごじ》から左手に細い山道をジグザグに登り詰めると、やや平坦となった稜線に出る。ここに小規模な竪穴式住居跡と焚火或いは竈《かまど》の跡と見られる炭素分の多い土層があり、土器も出土して生活の痕跡が見られるという。この住居跡に重なってここには五世紀頃のものと思われる古墳が十基以上もある。また丘陵を南に下ると平坦な田園が広がるが、西にほど近い琵琶湖とはまた低い丘陵で隔てられていて、ここにも百数十の古墳があり、古保利《こぼり》古墳群として知られている。この閑静な田園地帯に、この古墳の多さは何を物語るのであろうか。栄枯盛衰は時の流れとはいえ、この地は上古では日本海から大和へと通じる文明伝達の大道であった。湧出山古墳からは鉄刀が出土し、古保利古墳からは鉄の鉱滓《スラグ》が出土している。この地に製鉄場があったことを示す一方、また製玉も行われ、瑪瑙《めのう》の勾玉を持つ見事な造形のガラスビーズが古代美人の腕を飾っていた。当時この地は伊香氏の支配下にあったと言われる。今では想像もつかない程の集落があったのかも知れない。古代豪族の息吹を感じさせる一帯である。

爽やかな風が木立を吹き抜けた。ふと見上げると大きい黒蝶が二匹戯れながら舞っているのであった。目で追ううちに木立に消えてしまったが、まるでお帰りなさいと挨拶をしているのである。補虫網を持ってモンキアゲハを追ったのはいつのことであっただろうか。

低い丘陵とはいえこの様な小高い所で集落を営むのは大変と思われるが、丘の東端からは眼下に北国道を監視できる。山城ほど大掛かりではないが烽火《のろし》台のようにして監視集団が生活したのではないかと想像される。

幾つかの古墳を眺めて丘を下がり始めると、蝶はまた現れて見送ってくれるのであった。

紋黄揚羽《もんきあげは》二匹舞いて吾を迎えたり　弥生古墳の湧出山の上

住友活機園

ＪＲ琵琶湖線石山駅から京阪電車に乗り換え、終点が石山寺駅である。線路沿いにやや細い道を戻ると、住友活機園がある。大きい石組みの段を登り、古風な門を潜ると、鬱蒼とした林の中となる。緑苔の生す石を鑑賞して行くと、その尽きるところは、明るい輝く芝生の広場となり、活機園の建物をやっと眺めることができる。

邸は洋館と和館からなるが、明治三十七年（一九〇四）に伊庭貞剛《いばていごう》により建設され、明治後期の様式をよく残している。

伊庭貞剛は近江の生まれである。司法省判事として明治政府に勤めたが、西南の役を機に辞職、住友に入社、実業家の道を歩むこととなる。明治三十三年、二代目総理事に就任するが、四年後に五八歳の若さで引退する。「事業の進歩発達に最も害をするものは、青年の過失ではなくて、老人の跋扈《ばっこ》である」との信念によると。引き際の見事な事例とされる。引退後は茶道、禅に親しんだとのことであるが、壮年期の写真を見ると、その知的ダンディズムには驚かされる。

また、伊庭貞剛の評価は環境問題への取組みの先駆者としても残る。

住友は別子（愛媛）に銅山を経営していたが、その製錬による煙害、鉱毒水の発生は 地域農民を苦しめ公害騒動となっていた。伊庭は明治二七年、問題解決のため単身、別子銅山に赴任する。荒廃した別子山に緑を回復させるべく、製錬所を別子山から新居浜《にいはま》沖の無人島への移設を決断した。鉱毒排水についても、専用水路を施設する。栃木の足尾鉱毒を弾劾する田中正造は、住友に伊庭ありと高く評価したという。環境問題は人間を含むすべての生物にとって永遠の問題であり、伊庭以降、永い経営的、技術的取組みが必要であったことは言を待たない。

さて活機園の「活機」とは 禅の言葉で、俗世を離れるも、人情の機微に通ずとの意味という。和邸部分は長大な杉丸太を使った廊下や極太の南天材の床など造作の見事さが楽しめる一方、洋館部分も劣らず面白い。床材、窓、カーテン、シャンデリアなどどれを見ても見飽きることが無い。魚鱗のような外壁も変わっている。二階から広々とした芝生を眺めていると心もゆったりとしてくる。広大と見える庭園も鉄路新設のために縮小されているという。残念なことである。園は伊庭貞剛記念館として住友の管理にあり、入園は申込みが必要となる。

ここと は別に、活機園のミニ版とも言うべき邸が安土にある。大正十二年、米国建築家ヴォーリーズによって建てられた伊庭慎吉邸である。慎吉は貞剛の四男であるが、絵画を良くし、また沙沙貴神社の宮司や安土村の村長にも就任している。邸内には貞剛の揮毫した額がある。

信長の夢とゆかりの文学散歩

安土往還記 ―――――― 辻邦生 昭和四十三年刊 滋賀県安土町

車窓から特別に目を凝らさないと夏草の中にたちまちかき消えてしまう安土である。都への要衝として折々の歴史を刻む地域であるが、その中での特大花火は勿論安土城である。信長の死と共に壮麗を誇った城も街も消滅してしまったが、城を中心に大名屋敷、武家屋敷さらに町人街を抱える統治型城下町は、武家中心の新都市構想の嚆矢となり、その後大坂、江戸へと引き継がれる。

安土往還記はポルトガル人宣教師を日本へ送り届ける目的で来日した高級船員（軍人）の一五七〇年から一五八二年に及ぶ日本滞在記を底本としている。彼は宣教師でない故に、かえって自由に往時の有様を活写できる立場にあった。信長も彼からの軍事に関する技術情報には大いに興味を示したのである。信長はキリシタン宣教師を厚遇したが、比叡山や真宗衆の抵抗に手を焼いた反動という訳ではなく、彼等がもたらす西洋の事情や、軍事技術、さらに根本的には物事を達成するための理論的かつ合理的な精神に共鳴したためである。また、信長はキリシタンの教義には何等関心は無かったが、命を賭して異郷の地で布教活動を行う宣教師達の姿勢と信長自身の新時代を築くための孤独な戦いを重ね合わせて、その純粋な使命感を好ましいものと理解していたのである。安土セミナリオの建設に当たっては、安土城と同じ瓦の色にする様に勧めその完成を大いに喜んだ。平安末期に頼朝が公家政治から武家政治へと政治的転換を計ったのと同様に、公家化した室町幕府から新時代への脱皮を図る自らの哲学の実現を目指したのである。信長の死後、たなぼたで政権を得た秀吉は、軍事の天才ではあったが、政治哲学は無かった。このため短命に終わり、キリシタンも弾圧の時代になる。

安土山の石段を登って行くと本丸跡の礎石があり往時のスケールを推し量ることができる。琵琶湖を眺める景色も良いが、湖水は現在よりもっと迫り舟の運用も自在であった。セミナリオ址は城にほど近い。鉄路を挟んで繖山《きぬがさやま》山麓に安土城考古博物館などの建物がある。

炎の舞——津村節子　昭和五十年刊　福井県織田町

（ちょっと近江からはずれるが信長にちなんで道草をしてみよう）

越前海岸から一山越えるとそこは織田町である。こんな鄙びた小さな町を背景に、小説炎の舞は展開する。陶器職人の家で土をいじって育った美貌のヒロイン琴代は、毎日の祖父の作陶の手伝いに倦み、自らの生きる道を模索して上京するが、華やかさと侘しさの交錯する十年の東京生活を振り切り郷里へ戻って作陶に打ち込む決心をする。織田町は古窯越前焼の地である。

織田町の中心は劍《つるぎ》神社である。普段は訪れる人も少なく静謐なたたずまいである。素盞鳴《すさのお》大神、気比《けひ》大神、忍熊《おしくま》王の三神を祭る。忍熊王が賊徒征伐の折、素盞鳴大神の神助を得たことにより、この地に劍大明神として祭ったと伝えられる。信長に代表される織田一族の発祥の地とされ、織田家は町の荘官であったが、劍神社の神官も奉じていた。応永年間に越前の守護斯波氏にとり立てられた「常昌」が尾張へ派遣されたのが、織田一族と尾張の関わりの初めと神社の栞には記している。織田町歴史資料館には劍神社の古絵図から復元した模型があるが、往時は相当の伽藍配置であったことが伺える。

車で少し走ると越前陶芸村がある。広々とした緑にゆっくりと喫茶を楽しみ、売店ではお好みの焼き物を選ぶのも面白い。さてどれが琴代の作品か、きっとこれに違いないとお気に入りを見つけることが出来るだろう。

ほやほや、もう一つこの小説では方言の豊かさも特徴となっている。むかし三太物語というのが有って、「おらあ三太だ」と言う題名の映画があったと思うが、さしずめこの地では「うらあ三太だ」ということになる。

苗字遊び

その一

私が東京から当地、滋賀の湖北に来て、初めて知った名前に「カセイ」があった。「火星さん」とは何と宇宙的な名前だなーと驚いた。「水星さん」や「金星さん」もあるのかと期待したのだがいつまで待っても現れなかった。カセイが嘉瀬井と書くとは後に知ったが、当地ではそれほど珍しい名前ではなく、私の苗字《みょうじ》の菊池の方が少ないくらいなのである。苗字には地域により偏りがある。『名字の謎』（森岡浩著）という本をめくると、世界中で日本ほど苗字の種類の多い国はないらしい。日本では、漢字二文字ないし三文字の姓が多いので、漢字の組合せで無限の苗字が可能となる。その目で新聞を見ると、所謂トップテンの苗字（例えば、田中、鈴木、中村、佐藤等）以外の苗字が如何に多いかがわかる。

ちょっと、遊んでみよう。

一円　（いちえん）

二宮　（にのみや）
三ツ森（みっつもり）
四居（よつい）
五味（ごみ）
六川（ろくかわ）
七里（しちり）
八田（はった）
九鬼（くき）
十森（ともり）
五十嵐（いがらし）
八十（やそ）
百瀬（ももせ）
五百旗頭（いおきべ、いおきず）
八百枝（やおえだ）
千　（せん）
万木（ゆるぎ）

何故こんなに日本では苗字が多いのであろうか。朝廷から征夷大将軍の位をもらうのに源平の血筋の証が必要と、徳川家康も系図作りに苦労した様であるが。人や家を区別するには同じ姓では分らないので、地名などを折り込んで通称が生まれ、それが登録が必要のおりに苗字となったのであろう。即ち、日本人は個人が識別される事の重要性を認識していたため、特定の所謂高貴の苗字に集中することの無かった合理性を有していたと判断される。しかし、何と言う自由度であったことか。文字の組合せが無限であるので名前も無限に拡散するが、漢字は表意文字であるので、苗字も意味を持つこととなる生きた記号である。無限とは言うものの、好みの漢字の組合せや住環境の影響を表すこととなる。

『日本苗字大辞典』なる本によると、一から十の字を頭とする姓は、同字体で別読みを含めると九千もあるという驚くべき実態が分かる。この中では三が付くものが最も多く約三千あり、次いで八となる。少ないのは九と六でありそれでも四百程度ある。

近江に関連した姓も多々あるが、数字で見れば、例えば「一円」は多賀に一円と称する地名がある。長浜には「四ッ塚」という町があり、また旧家に「四居」家がある。五個荘に目を移せば「七里」なる地名を捜し当てることができる。さて少し難読となるが「万木」がある。湖西の高島にある万木の森に鷺が多く棲んでいたとて、いにしえより歌に詠われている。

下枝《しずえ》までおりいる鷺と見ゆるかな　万木《ゆるぎ》の森に咲ける卯の花　（惟宗広言集）

その二　苗字から見る日本の風土

前述の如く、苗字の決定については地域名や住環境によって決定されることが多かったと推定されるため、苗字の付け方から日本の風土を眺めるとどう言うことになるのであろうか。新聞に記載されているものを中心にいくつかを集めてみた。

（一）日本は農耕文化である。

田んぼがあると安心する。

田中、田井中、太田、山田など田の字を取り入れた名字が非常に多く、中でも後ろに田の付くものが多い。青田、嘉田、佐田、多田、中田、羽田、前田、矢田、和田などなど四百ほど出てきたが、どこまで行けば終点になるのかは想像もできない賑やかさである。

（二）日本はムラ社会である。

村の付く苗字が多く、日本人は個人として動くよりも群れとして動く。これも、農耕社会の現れであろう。中村、野村、小村、大村、吉村、北村、西村、東村、南村など。

（三）日本の国は山川が多い

山、川、谷、沢、野、原などを持つ苗字は、その住居の存在していた環境から付けられたものであろうと推定される。山、川はともかく、野の字の付いた名字が意外と健闘して多いのである。

（四）日本は島国である。

この意味では島と崎の付く苗字は多く江、浦などもある。この他、海に直接関係するものは海部、貝塚などがあるが陸地に関したものと比べると限られる。

（五）日本人は松が好き。

日本は緑豊かな森に囲まれた社会である。森や林の付く苗字も多いが、樹の種類としては杉と松が多い。大杉、小杉、杉田とくれば、大松、小松、松田と対抗して接戦である。しかし、松の方が少し優勢の様である。

（六）日本は歴史が長い。

平安時代に栄えた藤原氏に憧れて、多くの藤原姓が生まれたり、分家となったりして、藤の付く苗字もかなり多い。藤井、安藤、加藤、佐藤、斉藤、工藤、後藤……いくつまで出てくるのか楽しい判じ物である。

以上、苗字の観点から日本を眺めて見ても、日本は島国で山川多く、緑に富んだ農耕社会で村を形成して生活するという日本の風土を見事に現すのである。杉や檜は家を作るのに重要な材であるが、松は姿が美しく並木として使われ、また盆栽となって独特の日本文化を形成した。異民族との混淆が少なかったことと歴史の長さは、やはり苗字として日本の文化を現す一つの要素となっている。

水のきらめき ——志村ふくみの世界——

瀬田にある滋賀県立近代美術館に志村ふくみの紬織《つむぎ》展を見にゆく。女史は草木を中心とした天然材料による染色糸を用いて織物を創る。その糸の色の深い味わいは、これから生まれる織物にどんな命が生まれてくるのかと小さな轟が胸を駆け巡る。女史は近江八幡の出身である。琵琶湖を見はるかす美しい環境は、作品のモチーフとしてしばしば登場する。琵琶湖の水のきらめきの一瞬をとらえようと、カメラマンはレンズを構え、画家はカンバスを構える。誰もがこの湖の美しいきらめきを興奮をもって人に伝えたいと想うのである。

さて、女史の作品について、筆者の感性だけで描いてみることをお許し願おう。

「楽浪《さざなみ》」

琵琶湖の落日、揺れ動く湖面は深緑に、また淡緑に、時に黄緑にまた藍色に、白く輝き落日の紅はまた紅の波を作る。縦糸に乗って光条は現れ横糸はそれをブロックして波頭をつくる。その糸色の密度によって湖面の表情は万化してゆく。この一作の中に湖面の光の反射の表情を捉えてその美を語りかける永遠の傑作である。

「水門」

黄金色とコントラストを作る深い藍色は濃淡を繰り返して、湖面に反射する太陽のかがやきと繰り返し押寄せる波濤を表し、湖面から垂直に建つ藍色の線群は琵琶湖で行われている魞《えり》漁の柱を表している。まるで湖に住む魚が空を見上げるように、魞の柱が迫力をもって迫る。見事な描写である。

「勾蘭」

白と淡赤と淡紫をベースに湖面は光の反射で、白くまた朝日を紅に照り返し、その時深い藍に沈んでいた夜の波濤《はとう》は淡紫へと変化してこの世の復活を告げてくれる。作品の中から光が弾け出す神々しさを感じさせる作品である。

「山野」

水は湖を作り、また山野へ注ぎ草木を潤す。墨色をした淡茶、紅、淡緑と淡黄色で湖を取り巻く山野に遊ぶ。ほっと楽しい色調である。

作品の鮮烈と気品がある雅は、見る者に去り難い心のなごみをもたらす。この中間色の濃淡が織成す色彩芸術は、これぞ世界に誇る日本的センス「微妙」の代表である。南北に長く周囲の海と豊な四季に恵まれた日本の天然の表情のひとこまなのだ。

（二〇〇七年三月）

湖東三山の秘仏

彦根から三〇六号線を南下すると多賀に出るが、そこから三〇七号に分岐し、およそ六キロほど行った所に西明寺はある。金剛輪寺と百済寺を含めて湖東三山と言われる天台宗寺院群である。敏満寺、勝楽寺と共に五山と言われた時代もあったらしい。紅葉の名所としてシーズンには多くの観光客で賑わう。今年は天台宗開宗一二〇〇年にあたり三山の秘仏の御開帳があった。三山同時の御開帳は初めてとのことである。どの寺も山門を入ると本堂までは長い石段を上らねばならない。往時は石段の両側に多くの堂宇を抱える巨大寺院であったであろう。叡山と信長の対立と戦乱での焼失、真宗の隆盛などから今では本堂や三重塔がエッセンスの残光を放って昔の隆盛を偲ばせるのみである。

西明寺

本尊の薬師如来立像は厨子《ずし》の中に秘められて今回の御開帳は五十二年振りとのことである。素木造りの丸いふっくらした顔立ちに伏目の細眼が神秘性を醸し出しどっしりとした体躯は如何なる病魔にも負けない重量感がある。平安期の作という。何時から秘仏になったのであろうか。護摩や蝋燭の炎に曝されることも少なかったのであろうか、不老の若さを保っている様に感じられる。

本尊の厨子の周りには十二神将、両脇には一際大きい多聞天と広目天が並び力強い造形を見せる。内陣を左から裏へと進むと様々な仏像が見られる。まず刀八毘沙門天《とうはつびしゃもんてん》がある。これは江戸期の作で、彩色も美しく残っている。狛犬に跨った毘沙門には十二の手があり、八本の刀と宝珠などを持っている。頭上には獅子頭があり、さらにその上に如来と思われる坐像がある。毘沙門は西域の守り神として獅子奮迅の働きをしたであろう姿を現していて、興味深い像である。

裏へ廻るとまた沢山の仏像がある。ほぼ真中辺りに不動明王坐像があり二人の童子を伴っている。矜羯羅《こんがら》童子と制吒迦《せいたか》童子である。二人の童子の無垢なあどけなさの残った表情はどうであろうか。平安期の作であるが、仏師の捉われない遊び心が見る者を和ませる。そう思って中央の不動明王を見ると、そのいかつい顔形にもかかわらずなんだか穏やかな人間味を感じさせてくれる。

阿弥陀三尊立像は少し小振りであるが、三尊ともに金色に輝く放射光背を特徴的に有し緑の蓮台の彩色も美しい。両脇の立像には衣の金色がかなり残っているが、中央の像は殆ど剥落してしまっている。しかし三体揃ってここまで美しく保存されたことには驚かされる。鎌倉期の作であるが、裏通りに置かれるには勿体無い優れた尊像である。

三重塔と大日如来

本堂の横に三重塔がある。緑を引立たせる美しい姿である。鎌倉期の建築である。本日は塔内の特別拝観があるので、その列に加わる。内部は狭いため一度に入り得る人数は限られる。入口には箱があり持ち物はその中に入れねばならない。中の壁画をモノで擦らないための配慮である。

内陣に入ると、今では素木に見える塔の外観からは想像を絶する極彩色の世界が展開する。須彌壇には西面して大日如来坐像があり、智拳印《ちけん》を結ぶ。頭上に高く結い上げた髪が川の流れを思わせる流麗な筋目となってさらにその上の大きな髻《もとどり》を形づくる。肉髻相《にくけいそう》と言われるがこの如来は髪形だけを見ていても見飽きぬ特異な美しさがある。如来を囲む四天柱には円の中に菩薩像が描かれ法隆寺の壁画を想い起させる香りがある。巨勢《こせ》派の画家によって描かれたと伝えられる四方の壁と天上は青緑と赤を基調とした彩色である。龍王や法華経の教えを現す相図、蓮、牡丹、極楽に遊ぶ鳥などが描かれている。外見は三重の塔であるが内部は一階のみであり、二・三層の階は無い。

金剛輪寺

門を入るとじきに紅葉の美しい庭園の前に出るが、今回の目的は本堂である。延々と石段は続いていて堂塔の影も見えない。決心して一歩を踏み出すしかない。階段の両側には小さい石地蔵が並び参詣者を迎えてくれる。地蔵には赤い前垂れと風車が添えられて風で廻っているものもある。この何百もの地蔵に励まされてひたすら石段を上り詰める。上りきると二天門である。門には大わらじが罹っていて往時の山岳修行を象徴する。本堂まであとわずかである。

ここ金剛輪寺は、聖武天皇の勅願で天平九年（七三七年）僧行基の開山と伝えられる。この地秦荘《はたしょう》は古代渡来氏族である依智秦《えちはた》氏の栄えた地と言われ、寺蔵の大般若経に宝亀五年（七七四年）秦正月《まさき》麿《まろ》の奥書があり、依智秦氏の氏寺として建立されたとの説もある。秦氏は新羅《しらぎ》系であるが、近くには百済《くだら》との関わりの深い百済寺もある。古代日本に文字、律令制度、土木建築技術等の文化をもたらしたのは、主に朝鮮からの渡来人であり儒教、仏教も彼等により伝えられた。彼等はその後全国に拡散してゆくが、当時はまとまった集団として居住していた。秦荘出身の武人朴市《えち》秦造《はたのみやつこ》田来津《たくつ》は白村江の戦いで戦死している。氏寺としてスタートしたこの寺も時代と共に奈良仏教から平安期には天台宗となり、鎌倉期には延暦寺から西山流灌頂《かんじょう》が移り寺勢の栄えた時期であった。

深いひさしの檜皮葺《ひわだぶき》単層入母屋造りの本堂は鎌倉期の建築であり、この地方に多い天台系寺院特有の美しさを見せる。今回御開帳となる聖観音立像は行基の作と伝えられる。像丈一〇三センチの小像である。厨子はやや遠いのでしかとは見えにくかったが像の半身は手斧による荒彫りのままである。この彫り方については二説がある。一説にはこの像は未完成像であるとの説、また一方にはこの像は完成しているとの説である。伝説では行基が彫刻を進めるうちに木から赤い血が流れたのでそれ以上の彫りを進めることを止めたとある。この段階で彫りを止めて本尊となったのはかなり高名の者が関わった彫りではないかとの推定もある。これは未完成像説である。いやこれはもともとこの形で終結である、との完成説では、天台宗は山岳宗教をベースとしていて霊木信仰がある。霊木は依り代であり、また、天台の本尊は秘仏となり人に見せる物ではないので、全身を完成させる必要は無く顔面の彫刻があればよいとするものである。同時代の仏像で他の寺院にも同様の彫り方をしたものがある。

三重塔と大日如来

本堂の北側の高台に三重塔がある。寛元四年（一二四六年）に建立され、室町、江戸期の修復はあったが、その後二層を残すのみに荒廃した。現在の姿は昭和五三年に終った大修理のものである。西明寺の塔と同じく中は単層で西面して大日如来坐像があり禅定印《ぜんじょういん》を結ぶ。

金剛輪寺は百済寺と同様信長の兵火に迫られるが、火をもって火を征す、自ら山麓の坊堂に火をつけることにより敵の侵入を防ぎ、山頂の本堂、三重塔、二天門は今に伝わることとなった。

百済寺

門前の駐車場で車を降り、少し急な階段を上ると本坊に出る。本堂へはここから石段をさらに上らねばならないが、さほど遠くではない。西明寺、金剛輪寺と廻って三つ目の疲れた足にはこの石段の長さは嬉しくもある。

百済寺はその名のとおり百済からの渡来人の為に建てられた寺という。くだら寺と呼ばれた時期もあったらしい。寺伝によると推古十四年(六〇六年)聖徳太子の誓願による建立となっている。この近くの五個荘の石馬寺にも聖徳太子による建立の伝説がある。法隆寺創建の時期にも近く百済、新羅との交流も盛んであった時期でもある。どこまで正確かはさておき、湖東三山の中では最古の創建といえる。

その秘仏である十一面観音は藤原時代の作とされるが数奇の運命をたどりつつ現代にまで生き続けている奇跡の仏像である。度重なる寺院の火災で平安期の記録は残されていないが、その末期、源平合戦の頃、倶利伽羅《くりから》峠に勝利した木曾義仲の軍勢は京都に攻め上るべく越前から近江へ入り、柳ヶ瀬から高月の高時川河原を渡り琵琶湖東岸を朝妻筑摩へと過ぎて行った。先頭は野洲の河原に布陣したがここで兵糧米が尽きたので、義仲は使者を立てて百済寺へ依頼したのであった。寺では衆議して五百石の米を送ったと源平盛衰記にある。この頃が百済寺は最も隆盛を極めた時期であった。

明応七年（一四九八）八月九日卯の刻とあるので午前五時か六時頃であろうか風雨激しい中に火災が発生した。炎は風に乗り拡大し、瞬く間に本堂、阿弥陀堂、五重塔、経蔵などを焼き尽してしまった。その中で尊像は辛うじて搬出され、被害は指一本が欠損したことに止まった。だが、その六年後の文亀三年（一五〇四）第二の火災に巻き込まれる。佐々木対伊庭の抗争による兵火である。堂宇悉く灰燼《かいじん》と帰したが、その中でも本尊像は助かっている。

そして、さらに第三の災難が待受けている。信長は近江へ進出し佐々木氏の支城箕作《みつくり》城を攻めた。観音寺城に居た佐々木承禎《じょうてい》は城を撤退して甲賀へ逃れた。百済寺は信長より朱印地安堵の沙汰を受け信長の庇護下に入るのだが、ところが二年後、浅井朝倉が反信長の烽火を上げるや佐々木もこれに応じて反信長勢に加わってしまったのである。当地の寺院は長く近江守護の佐々木の庇護の下にあったし、叡山対信長の対立もあったろう。佐々木に組みせざるを得なかった百済寺は今回は徹底的に焼討され又もや全山灰燼に帰すのである。この時の兵火は予測されたのであろう。本尊は門徒により疎開され助かるのである。その後徳川の時代となり、家康からは朱印地安堵状をもらうがかつての隆盛は戻ることは無かった。明治期に入ると廃仏毀釈の影響も受け一時無住の時もあった。幾多の災いを潜り抜けてきたこの尊像は全長三・二メートルの巨像である。下半身は須彌壇に隠れて見ることは出来ない。心なしか頭上の十面が重そうにやや俯き加減に見えるのだが像丈が高いため衆生を見下ろす形なのであろう。

（二〇〇六年十月二一日）

荘厳（しょうごん）する桜

海津《かいづ》

その前の不順な天候からは見事にはずれて、今年は好天が長く続き桜を見るには絶好となった。とは言え毎日庭で眺めるのとは違って、花の盛りに合わせて訪うのは難しい。近江の花の名所も数あるが、北方となると彦根城や長浜城の豊公園は石垣や天守閣に花もやが一層の彩りを添える。さらに琵琶湖の最北を訪ねれば海津大崎の桜につきあたる。ここは花期は湖南より少し遅れて四月十日以降が盛りとなる。湖岸に沿って花のトンネルを歩くと、花弁を付けた枝が天然のカーテンをつくり、その中に竹生島を霞ませる。桜は花の重みで湖面に着かんばかりに垂下がると、遊覧船も出て湖上からの花見を楽しむ贅沢を提供させるのである。湖岸から大崎観音へと石段を上ると眼前に安曇川方面の広がりを見る。

清水《しょうず》の桜

観音堂を下って湖西線のマキノ駅へ向かって歩くと国道一六一号に出る。そこを越えたところに清水の桜はある。小振りの花弁である。墓地の傍らに淡いピンクの花を満開に着けている。歩き疲れた脚を休めて皆声もなく呆然と桜の美に酔いしれるのであった。樹の前の小さい看板を見ると、その昔加賀藩主が上洛の折この清水の桜にいたく感動し振り返り惜しみつつ行ったとの伝えがあるとのことである。今咲いているこの桜は、それから何代目になるのだろうか。そのお勤めをまだ背負って我々にも振返りの桜の姿を与え続けてくれているのである。ここ海津の港は何故か加賀藩の飛地の領土であった。藩主上洛の折の中間地として加賀屋敷があり、また百万石といわれる加賀米を水利を利用して搬送したものである。これは加賀初代藩主前田利家の時から始まり、幕末には勤皇派佐幕派激突の悲劇の舞台ともなった。今はその面影はない。

さざ浪や志賀の故郷あれまくを　幾代の花にをしみ来ぬらん
(権中納言為藤　続千載集)

道誉《どうよ》の桜

そこ清滝の徳源院はＪＲ柏原駅の西方の山懐に抱かれてひっそりとある。だが桜の季節は少しの賑わいを見せるのだろう。道沿いに作られた歓迎のぼんぼりも花の命の短さをかえって感じさせるのである。この徳源院には大きな枝垂《しだ》れ桜が二本あり、淡白な花弁は風に揺れてダイヤモンドの様に煌めいている。道誉の桜である。近江北方の守護京極家の五代目高氏がこの桜を植えたとの伝説がある。京極高氏は鎌倉執権北条高時が出家する際、相伴して出家して道誉と名乗ったのでこの名がある。京極家は宇多源氏佐々木系統であり、佐々木道誉と言われることが多い。ちなみに近江南方の守護は同じ佐々木系統の六角氏であり観音寺城に拠点を置いた。さて道誉は戦乱の時代を融通無碍に生き抜いている。足利尊氏と組んで室町幕府を擁立し、二代目義詮には重用され権勢を欲しいままにした。ばさら大名の代表と言われる。連歌、茶、香道、能狂言等室町文化繁栄の礎となった時代である。ここ徳源院は又、京極家の菩提寺となっていて、歴代藩主の墓石がある。だが道誉の墓所は自ら創った禅寺勝楽寺にある。多賀大社に近い甲良町である。風雅を愛する武将は桜吹雪の中に何度微笑んだことであろうか。

花かとて木のもとことに立よれは　たた雨雲のよそめ成りけり　（道誉）

琵琶湖の西岸に目を向けると、比叡山から下った日吉大社の前から京阪坂本駅へ至る大道の桜並木とその周辺の寺院群、さらに南下すれば長良山の山麓には古刹三井寺の桜があり、疎水沿いに京都まで花の街道が続いてゆく。

さざ波やながらの山のはなざかり　しがのうら風ふかずもあらなむ

（権中納言師俊　玉葉集）

やがて風が吹くと花は万の花弁に分かれて路をピンクの絨毯に変身させる。その上を踏んで歩くのは勿体無い気がするのだが、梢からは鶯の声が清澄な空気をいや増しにする。風が吹いてもまだ楽しめる桜花であるがその命は短い。日本という風土に生まれた一瞬の贅沢である。

（二〇〇七年四月）

花にあそぶ

花は梅、花は桜、花は菊、花は牡丹、花は薔薇と続けると何時果てることもない連なりとなる。雪の中でも楽しめる花、それは梅である。ここ長浜では二月ともなると盆梅の季節である。巨大な鉢に百年の古木が植えられ、それに花が薫る。盆栽と言うと小さい緑の世界をイメージするが、盆梅は天井に達する巨大なものが中心となる。長浜駅に近い慶雲館に多くの梅の鉢が展示される。梅の香りを楽しみながら一服の茶をすすりゆったりした時を楽しむことができる。この季節はよく雪となるが館内の梅に加えて、雪冠の庭の松を見るのも又よい。

三月から四月へと日本では新しい区切りを迎える時期となる。かつて定年退職の祝賀会があったが、定年はここまで無事に乗り切って来られた嬉しさと、これから先は自分は必要とされないのかとの寂しさを持つものである。バラは冬にかなり強い剪定を行う。すると新しいシュートが伸びてきてそこに見事な花を咲かせる。世代交代である。定年はバラの剪定の様に世代交代であり世の定めである。そんな中で歳をとった古株が尊重されるものがある。それが盆梅である。古株に多くの花をつけ凛として薫るその風格は若木には出来ないものだ。胸を張って盆梅の様に風格も華もある定年後を生きようではないか、そんなことを語った。

五月は牡丹が美しい。長浜の古刹総持寺は牡丹の花に埋め尽くされる。白、黄、桃、紅、紫と咲く大輪の花は何故この様な奇跡が存在するのかと、時空を越えた神秘の不思議に時を忘れさせてくれる。

一九七四年五月ニュージャージー州のヴァインランドは陽光に溢れていた。アメリカ特有の平屋建ての住居には広い芝生の前庭があり、その中に白く或いはピンクにきらきらと輝いている花があった。アメリカの繁栄を象徴するかの様なあの輝きをもった花を付けるのはいったい何の木なのだろうかと聴いてみたらドッグウッド（アメリカ花みずき）の樹であり、アメリカの代表的な花木であるとのことであった。こんな樹を我家の庭にも植えたいものだと思った。その後長浜に分譲地を求めた折に庭木のカタログの中に発見し、一メートル足らずの若苗を求めたが、それから何年経ったのだろうか。今では二階の屋根に達するまでに伸び、毎年紅のきらめきを楽しませてくれる。花木として人気が高いこの木は随分日本でも普及して庭木や街路樹として多く見られる様になった。ビルの四階も越えようかとの高さにも達するものもあり、枝枝に一面のピンクの波濤を創って見る者を酔わせるのである。この高木は山形の霞城のほとりにある。

安土の沙沙貴神社を訪うと、また面白い花草に会う。なんじゃもんじゃの木とは、一体何なのであろうか。エッ！と思う様にこの季節としては、樹上に冠雪があるが、よく見るとそれは花である。まるで花嫁の〝つのかくし〟の様に真白に樹木を被っている。こりゃ今時何じゃろかと言う意味らしい。勿論、学名は別にある。

すこし歩くと「むべ」なる花が出てくる。その昔老夫婦がこの実を天智天皇に献上したところ「むべなるかな」とのたまわれたとのことで、この名がついたと沙沙貴神社の説明文にはあるが……「むべ」はなるほど、それはそうだと言うほどの意味。小倉百人一首の中にあるので良く知られている、「むべ山風をあらしと言うらん」も同様の使い方である。

吹くからに秋の草木のしをるれば　むべ山風をあらしといふらむ

（文屋康秀　古今集）

むべはつる性であまり目立たない樹であるが、白い小房をなす花を付け開くと白星となる。看板でも無いと見逃してしまう。なるほど、これが「むべ」なのか。「むべなるべし」と言いたくなる花である。天皇に献上したとされる実とはどんなものか食したことはないが、事典によると甘く食用になるとあり、また茎、根には薬効があるとのことである。

樹木は陽光を求めて上へ上へと繁殖するが、そんな中でひっそりと地の幸を求めて糸を垂れる、そんな妙な草がある。うらしまそうだ。特別の説明でもなければ眼の中に入ってこないじみな花である。浦島太郎が釣りをしている姿だというが、そう言われてよく見ると立った姿の手元から釣り糸が伸びている。一体何が釣れるのだろうか。意味無く伸びている訳では有り得ない。何か役割を果たしているはずだが……などと考えると、奇妙な自然の造形の豊かさに驚かされる。

浦島太郎に似た様な花にざぜんそうがある。こちらは岩陰でじっと座禅を組む達磨大師を現すという。湖西の高島の雪がまだ残る竹林を踏み分けると座禅草の自生地がある。この辺りも開発が進んで、野中、山中というよりは町中になってしまっている感じであるが、珍しい草として地元で公園化して保護されている。雪の中でもっくりと頭をもたげた葉の蔭にダルマさんが何人いるのか……。いろんな花があるものだが、また日本人はいろんな名前を面白く付けるものだなーと感心させられる。

面白い名前の花のついでに花筏《はないかだ》に乗ってみよう。JRの能登川から安土に連なる繖山山系の懐に近江商人の町五個荘町がある。江戸から近代にかけて日本の産業の礎を作った商人達のいくつかの旧家が公開されているが、特に三月の雛祭りや五月の端午の節句の頃は賑わいをみせる。その中の一つ旧外村繁邸を五月に訪れると幾つかの節句人形が飾られていて楽しい。玄関を出てふと見ると花筏を発見することができるだろう。緑の紫陽花の葉の様な上に真中に一つだけ小さい花を付けている。よく見ないと素通りしてしまいそうな地味な花である。葉の中に一つある花の形は、丸太を組んだ筏の上で一人操る筏師の姿であると、言い得て妙か。外村繁もそんな花の姿が気に入っていたのであろう、時代の流れに乗りながら生きてゆく商人の姿を筏三部作（筏・草筏・花筏）として小説とした。手広い商売を営みながらの田舎の旧家の生活の描写は今となっては歴史小説とも言えるだろう。

夏になると我家の槐樹《えんじゅ》は花付き良く、蜂たちに大御馳走を提供する。次々と咲く花びらは音も無く路上に降り積り、アスファルトを薄黄色に染める。

積もりなす槐樹の花弁掃き寄せぬ　まだ失せぬ黄を惜しみつつ

掃き集めると袋一杯になる花びら。捨てるのが勿体無いように思える。広辞苑によると　高血圧の薬や止血剤となると書いてあるのだが。
そして秋になると槐樹は枝豆のような実を結ぶ。白一色の雪景色に、鳥たちは実は隠していたんだとばかり声をあげて、美味しそうにその実を啄む。食べどきを知っているらしい。槐樹は北京の街路樹にも多く見られる。

海津大崎の桜

桜蔭にかすむ竹生島（海津大崎）

道誉の桜（徳源院）

道誉の桜（徳源院）

彦根城

彦根城の桜

桜花塔陰　大津市　三井寺

長浜の盆梅

総持寺の牡丹（滋賀県長浜市）

なんじゃもんじゃと紅葉のコラボレーション

安土　沙沙貴神社

うらしま草（安土　沙沙貴神社）

むべ（安土　沙沙貴神社）

花筏（五個荘　旧外村繁邸）

石道寺

ざぜんそう（座禅草）（高島市今津町）

竹林の道（高島市）

花みずきの高木（山形市）

湖岸の孤鳥（長浜市）

湖北夕照

古都散策

東寺（教王護国寺）

京都駅に着くと、そこに旅人を迎える塔がある。京都タワーである。岬の灯台の様な感じである。この塔ができた時には、論議があったが、今日ではすっかりなじみのものになってしまった。だが、京都の原風景にマッチするのは、やはり東寺の塔である。その昔、羅生門があった時代にその横に聳え立つ塔は、やっとたどり着く旅人の目印となり、心の支えとなった。京都のシンボルとして今以上の存在感があったことは想像に難くない。

京都駅からぶらりと歩いて約十分、もう着いても良いはずと思って塔影を捜すが見当たらない。ままよと、あろうべき方向に歩を進めると、やはり街路の向こうに東門を発見する。何度目の訪問かは忘れてしまったが、本日は秋の特別公開なのである。

東寺の至宝、いや我国の至宝は、その講堂と金堂の中の仏群にある。堂内に入るや、その仏群の醸し出す密教的雰囲気と宇宙を見据える眼の群に心を引き締められる。現代の日本の弛《し》緩《かん》した精神と、この堂内の哲学的緊張との落差は何なのであろうか。文明の発達と爛熟とは何か。現代に失われたものの回復は有り得るのか。豊かさと精神的高貴とは両立するのか。様々の想いが心に沸立つ空間である。

五重塔

室生寺の五重塔はさすがに尼寺の塔である。その優美、可憐に驚かされるが、また塔の小さいことにも驚く。一方、東寺の塔は五十五メートルの高さを誇る。恰幅広く、堂々と男性的に京都の空に聳える。塔を背景としては、僧侶の姿より刀を翳《かざ》した侍の方がよく似合う。今にも撃剣の音が聴こえてきそうである。今日は内部を見せる特別拝観日である。長い行列に並んで、塔の中に入ると、内陣を構成する巨大な芯柱と四本の角柱に驚く。直径は約二尺もあろうか。柱、須弥壇はもとより、周囲の内壁にも彩色がほどこされ、曼荼羅や竜王、空海像と思しき壁画がある。二階へ上る階段もあるが、危険のため上ることは出来ない。外部からだけでは想像も出来ない内部の美しさに驚く。五重塔の中はどの寺でも殆ど見ることができないので、この様な特別公開日に見られることは幸運である。

観智院

ここは東寺の子院の一つである。五大虚空蔵菩薩の仏像群が見事である。五体の菩薩はそれぞれ異なった動物に座っている。それらは、孔雀、鳳凰、馬、象、獅子である。仏面は面長に細目半眼で、この世を離れた宇宙を見ている。仏像は、入唐八家の一人恵運が長安の青龍寺から、西暦八四七年にもたらしたものであり、晩唐の木像の傑作である。像は安祥寺に安置されたが、その後の寺の荒廃により現寺にもたらされた。虚空蔵信仰はその基本経である求聞持法は七一七年に道慈が唐から持ち帰ったものと言われるが、我国では、空海、日蓮、そして山伏の山岳信仰へと展開してゆく。親しみ深い地蔵信仰とは対照に空の星に象徴される虚空の知恵を授かる信仰である。

さてここにはまた、宮本武蔵の描いた鷹の壁画がある。筆致を見ると武蔵が只者で無かったことがよく分る。虚空蔵と武蔵か……何となく合う様な気が漲ってくる空間である。

（二〇〇三年）

小子坊

寺院の小子坊の襖絵は、時代がぐっと新しくなるが、堂本印象の筆でありゆったりと楽しめる。

石清水八幡宮

日の本にはやらせ給ふ石清水　まいらぬ人はあらじとぞ思う

と紫式部が語ったというが、似たような花の歌もある。

ひのもとに咲けるさくらの色見れば　人のくににもあらじとぞ思ふ

（兼盛弟　拾遺和歌集）

今年の初詣は古典の中にも名前の多い石清水とし、家族と共に行くこととする。さてどう行くのかと地図を見ると、京都のはずれ、山崎の方面である。電車で行くならJR京都駅から、京阪に乗り換えて、どこかでもう一度乗換えが必要かと、少々面倒な感じである。そこでJR京都を乗越して長岡京まで行き、ここからタクシーで行くこととする。もう一つ先の大山崎からでもよいが、今日は元旦、タクシーの数が心配である。駅で幸いタクシーをつかまえることができた。正月とて道は空いていたが、八幡宮に近づくとだんだん異様な雰囲気となってきた。マイカーの行列で大混雑である。駐車場になかなか入れないのである。我々のタクシーは立往生のマイカーを横目に順調に社の前へ運んでくれた。

神社は山の上である。「私らは歩いては、よう上がりません。ケーブルで行かないと」とのタクシードライバーの話で、こちらももとよりそのつもりである。乗り場はそこですとのことで、タクシーを降りたが、そこは何と京阪電車の八幡駅ではないか。ケーブル乗り場はどこかと見渡したが、こういう時は人の流れを読むとよい。破魔矢やお守りなどを持ってこちらに向かってくる人の方向へ歩けば間違いない。美味しそうな走井《はしりい》餅の店があるので、帰りに買おうかと思いつつ、大鳥居をくぐる。参拝の大勢の人に従って歩く。道は段々と階段となり螺旋状の上り坂となる。行けどもケーブルの駅は無かった。どうやら間違ったと思ったが今更引き返すことも出来ず、登り続けることとする。老若男女、大勢の人だ。皆元気に登っているではないかと、我が身を励ますものの、今日は好天、風もなく、背広にネクタイ、おまけにチョッキまで着込んで来たのでおびただしい汗だ。あえぎながらゆっくりと登る。家族はとうに先の方へ行ってしまっている。やがて登り詰めるとやっと馬舎に到着、白馬がやさしい目で迎えてくれた。道はここから大道となり、薦《こも》被りの酒樽が積上げられ正月らしい雰囲気を盛り上げている。

石清水は枕草子にも天皇行幸の記述が見られるが、貞観元年（八五九）の建立という。謡曲では弓八幡、放生《ほうじょう》川、女郎花の舞台となっている。

「弓八幡」

月かげろふの石清水　絶えぬ流れの末までも、生けるを放つ大悲の光、げにありがたき時世かな……

「放生川」

夜声もいとど神さびて月かげろふの石清水の……名乗りもあへず男山、鳩の杖にすがりて山上さしてあがりけり、山上さしてあがりけり。

（注、八幡山神やきりけん鳩の杖　老いて栄ゆく道のためとて　夫木抄。鳩は八幡宮の使者。鳩の杖は頭に鳩形を彫った杖。男山は石清水八幡山。）

「女郎花」

紅葉も照添ひて　日もかげろふの石清水　苔の衣も妙なりや……

京都の中心からはかなり離れているし川も越えねばならない。どの曲も、日も月もかげろふと謡っている。往時は山ももっと鬱蒼としていたであろう。平安時代の参詣はなおのこと一大イベントだっただろう。

八幡の行幸のかへらせたまふに、女院の御桟敷のあなたに御輿とどめて、御消息申させたまひし……（枕草子）

八幡太郎義家はここで元服の式を挙げたということで、源氏の信仰も厚い。拝殿に向かって進むと両側の柱に巨大な白羽の矢が据えられている。この矢で悪魔を払い、幸運を射止める祈願をせよと、さすが石清水八幡宮である。

男山からは京都を見はるかすことができる。向かいは大山崎、天王山である。その間に桂川、宇治川、木津川の三本の川が流れ、合流して淀川となる。琵琶湖から流れ出る水は、瀬田川となり、宇治川から淀川に名前を変えつつ大阪湾へ注ぐ。

下りはケーブルカーに乗ることとした。約十分程度で下へ着くが、降りて見るとそこは何と京阪の八幡駅に直結していた。ケーブルに乗る人の長い行列が出来ている。歩いて登ってよかったなーなどと思いつつ、走井餅は買いそこなってしまった。

（二〇〇四年）

大山崎山荘美術館

石清水八幡宮から三川を隔てた対岸が大山崎である。ＪＲ大山崎駅を降りて踏切を渡ると、かなりの急坂となる。これを真っ直ぐに上がると天王山に至る。道を右に曲がり、だらだらの坂を上って行くと、大山崎山荘の門に出る。濠の様に山の斜面を切下げて、表の道路に繋げ、そこに石作りのトンネルが門をなす。これを潜って、なだらかな坂を上るアプローチは、山荘への期待をいやがうえにも高める。瀟洒な作りの内門や赤瓦の屋根を眺めると、クラヴィコードかヴィオラの音が風と共に聴こえてくる。

この山荘は、大正から昭和にかけて実業家 加賀正太郎によって建てられたものであるが、昭和四十二年加賀家の手を離れると共に荒廃する。取り壊してマンションにとの話も起こり、これを惜しむ声から時の京都府知事荒巻禎一の要請を受け、同じ京都出身の樋口廣太郎が社長をしていたアサヒビールがスポンサーとなり、安藤忠雄の設計による増設部分を設け、美術館として蘇ることとなった。山荘の作りや調度、ステンドグラス、照明がクラシカルで何とも落ち着くが、作られた当時はモダンだったのであろう。

コレクションは、河合寛治郎、浜田庄司、バーナード・リーチの陶芸、増設部分の美術室にはモネの「睡蓮」連作が何点かあり、また折々の展示もある。

加賀正太郎は大阪の資産家に生れた。実業方面では種々の事業を手がけたが、趣味の人でもあった。蝶や高山植物の蒐集を好んだのでよく登山を行ない、東京高商を卒業する前年の明治四十三年に、ユングフラウに日本人として初登頂に成功した。その時に使用されたザイルやピッケルなどの品々は長野大町山岳博物館に展示されている。洋蘭の栽培やゴルフ場の設計も行い、またウイスキーも好んだのであろう、ニッカウヰスキーの創業者に名をつらねている。

二階のテラスでゆっくりと腰をおろすと、眼下に石組みと広がりを持つ庭は四季の花を抱いている。コーヒーから立ち上る香りは、木津、宇治、桂の三川が淀川として合体する水煙の香りとなり、至福の時を与えてくれる。

（二〇〇四年）

京の花みち

古都京都には東山、西山、北山、洛中、洛南それぞれに花の名所は数多く、訪う人を裏切ることはない。

実相院

京都駅から北へ岩倉行きのバスに乗り、終点で降りると実相院は目の前である。門をくぐって広い玄関から書院に上がると東向きの庭は、白砂を敷詰めた枯山水であり、所々に小岩を配してある。砂はその岩を巡って渦巻き模様に装飾されている。白砂の奥の白壁の前に三本の枝垂れ桜があり、満開の笑みをもって客人を迎えてくれる。花弁は風に吹かれて白砂の上に降積り、また吹かれて岩の回りに桃色のすじをつくる。実相院の石庭はこんな風に自然と人工が支えあった季節の味わいを提供してくれる。心和む、心遣いである。寺伝によれば鎌倉期の開基で紫野に創建されたが応仁の乱を逃れて現在の場所へ移設され、皇室及び足利将軍家の庇護を受けた。今はこのやや遠過ぎる洛北の地ゆえに花の散る音が聴こえる様な静寂を与えてくれる。

御室の桜

境内は大変な賑わいである。ここ御室の桜は大輪でばっちりと咲く。樹高が低いのでまるで梅林の中に居るのと錯覚しそうな、そんな高さに花弁の海がある。空も見えない桜の海の中に、さじきを敷いて宴を楽しむのである。この贅沢を求めて人々は続々と集まってくる。花海の上には五重塔が人々の宴を見つめている。

ここ仁和寺は平安期八八八年の開基であり、宇多天皇が退位後に宿坊とされた。その後も皇室関係の門跡が継ぎ御室御所と言われ、広大な境内には仏教堂宇とは別に宸殿や書院、御苑がある。

常照皇寺

そこは北山の奥である。よくこんな所にと思うほど都から離れている。本当に京都なのだろうかと不思議を感じさせる所に、寺は威厳をもって存在している。

門前の濃い桃色の枝垂れ桜が賑やかに訪う人を歓迎してくれる。山門をくぐって緩やかな階段を上り詰めると勅使門の前に出る。その向こうには茅葺の堂がありいかにも歴史を感じさせる。この方丈の前庭には御車《みくるま》返しの桜があり、一枝に一重と八重の花が咲く。さらに奥の堂庵の前庭には二本の巨樹があり、御所から株分けされた左近の桜と天然記念物の九重桜がある。これらの古木は楚々として淡紅の花弁を風に揺らせている。人は同じ桜を一生に何度見るであろうか。そして桜はその生涯に何人の人を見るのであろうか。

常照皇寺は皇の字が付く様に政と関わりがある。開山は六五〇年前にさかのぼる。南北朝時代である。光厳天皇は鎌倉幕府の執権北条氏によって擁立されて北朝初代の天皇となるが、北条の滅亡と共に廃位とされたが、その後足利尊氏の天下になると院政を敷いた。南北講和時に南朝方に幽閉され、大和で出家、京都の金剛寿院に入ったが貞治元年（一三六二）にこの寺に隠棲、その二年後に波瀾の生涯を閉じたと伝えられる。「光厳院宸記」などの著述もあり、「勅撰風雅和歌集」の編纂にも関わった。陵は寺の裏山にある（山国陵）が、また光厳院を崇敬する後花園天皇、後土御門天皇の陵（後山国陵）もある。こんな背景もあり、京都の御所から運んだ左近の桜もある寺であるが、現在のただずまいは如何にも簡素である。歴史を遡るとやはり兵火にあっている。

天正十年（一五八二）、明智光秀の兵乱に巻込まれ、堂宇は殆ど焼失し法灯も危うきまでに荒廃したが、後陽成天皇の復興の御下命もあり、ようやく今の姿になったという。寺歴も波瀾に富んでいる。

山ふかくなほもわけ入りてたづぬれば　風に知られぬ花もありけり

（源貞行　　風雅和歌集）

（二〇〇七年四月）

実相院

実相院

実相院

常照皇寺の桜

常照皇寺門前の桜

御室の桜

愛　大山崎山荘美術館

ぬくもり　　大山崎山荘美術館

湖北の能舞台

羽衣

観世流能　山階敬子他　長浜八幡宮

長浜に山階町《やましな》という所がある。長浜市制六十周年記念行事として、山階《やましな》敬子里帰り公演の能が長浜八幡宮で行われた。公演に先立ち、演劇評論家の権藤芳一氏より、近江猿楽について歴史的背景の説明があった。

近江には上三座と下三座の六の猿楽座があったが、下三座は多賀大社にまつわる楽であり、一方、上三座は　大津、長浜を中心とした楽座であった。多賀大社はともかく、何故大津、長浜かと言えば、当時は湖上海道が陸路より繁栄していたことを意味する。山階座は長浜にあって近江猿楽として上三座の中で栄えていたが、その後都として新興した奈良や京都が興行の中心となるにしたがって、それらの楽座に吸収されて行くこととなる。山階町はそんな歴史を踏まえているのである。

さて演目の「羽衣」であるが、能の中でも最も有名なものの一つである。所は三保の松原、富士山が美しく遠望され、まさにピッタリの舞台造りとなっている。漁夫の白龍《はくりょお》は松の枝に美しい衣を見つけた。家の宝にしようと持って帰ろうとすると、天女が現れ、それは天人の羽衣であるので返してほしいと言うのであった。白龍はそんなに良いものなら国の宝にしなければと、返す気がない。羽衣が無いと天女は天に帰ることが出来ない。

「悲しやな羽衣なくては飛行の道も絶え、天に帰らん事も叶うまじ……涙の露の玉鬘挿頭《かざし》の花もしをしをと天人の五衰も目の前に……」

天女のあまりの嘆きを眼前にして白龍はついに衣を返す決心をする。だが代りに天女の舞を見せよと条件を付ける。天女は衣を返してくれれば舞いましょうと言うのだが、白龍は何もしないで逃げてしまうのではと迫ると、

「疑いは人間にあり、天に疑いなきものを……」と天人は応える。白龍は恥じて羽衣を天女に返すのであった。天女は霓裳《げいしょう》羽衣《うい》の曲にのって舞い、右に左に羽衣の袖を靡かせ揺れる裳裾もなまめかしい。やがて富士にたなびく霞の中に消えて行くのであった。

世阿弥元清の作で、美しい言葉と節回しが見る者を春霞の様にゆったりと心楽しくさせる。何より白龍が衣を返すモラルが嬉しい。

羽衣伝説は他に幾つかあるが、近江のものを見てみると、所は湖北の余呉湖である。八羽の白鳥が空から降りてきて水浴をした。良く見ると天女であった。郷の男伊香刀美《いかとみ》は犬をやって一枚の衣をとらせ、それを隠した。七人の天女は天に戻って行ったが、衣の無い一人は戻ることが出来ず地上に残って伊香刀美の妻となり四人の子供をもうける。これがこの地の豪族伊《いか》

香連《ごのむらじ》の先祖となった。地上の人となった天女だが、やがて隠された羽衣を見つけ出し、それを着て天上へ昇ってしまったという。

能の主題は天女ではなく衣であろう。立派な衣そのものも見て楽しいものであるが、それを纏って舞い踊ることにより衣の持つ本来の美は極みを見せる。世阿弥は衣を天人に返して舞を舞わせることにより、衣に永遠の美を吹き込んだのであった。

山階敬子は山階猿楽の十三代に相当するが、現在東京に在住する観世流能楽師である。齢七十九にも拘らず矍鑠《かくしゃく》として舞うその舞台は古の雅を再現せしめ、観衆は声も無く動かず消え行く羽衣を惜しむのであった。

よごのうみきつつなれけんをとめ子が　天の羽衣ほしつらんやは

（曾丹集）

（二〇〇三年十月四日）

薩摩守

―四百年続くしゃれの精神（こころ）―

大蔵流狂言　茂山千之丞、他　彦根城能

故郷花《こきょうのはな》

さざなみや志賀の都はあれにしも　むかしながらの山桜かな

薩摩守忠度《さつまのかみただのり》は、いづくよりや　帰られたりけん、侍五騎童一人、わが身とともに七騎取って返し、五条の三位俊成卿の宿におわして……

旅宿花《りょしゅくのはな》

ゆきくれて木の下かげをやどとせば　花やこよひのあるじならまし

（平家物語）

薩摩守忠度は平家物語の中でも、特に読む人の心を捉える人物である。忠度は平清盛の末弟であるが、剛勇で知られる一方歌人としても優れ前掲の様な日本人の心に沈む歌を残した。朝廷を守った平家も、驕る者は久しからずと逆賊として追われる立場となれば、忠度の名歌も勅撰和歌集に入れにくく、選者の藤原俊成は詠み人しらずとして歌のみ載せたのであった。惜しまれて散った忠度は、「その最期は、敵も味方も袖をぬらさぬはなかりけり」とある。そしてその名はこれで終らず、以外な形で庶民の中に生き続けた。平家の中でこれだけ人気の高い人物はいない。

さて、狂言の方であるが、この様な平家物語の忠度の生き方とは何の関係も無いけれど、皆タダノリのことを知っているし好きなのである。

大阪の天王寺を訪う旅僧が、道中の茶屋でタダでお茶を飲み、茶屋の主人に渡し舟にタダ乗りする方法として、薩摩守と言え、心はと問われた時に、忠度と応えよと教えられるが、いざ船を降りる段になって、はてナニノリだったっけ……青海苔と言ってしまうと言う滑稽な話である。すじは割れているのに、面白く見せるのが、芸の上手さである。この狂言の成立が何時かは不明であるが、江戸前期の寛文五年（一六六五）刊行の狂言本には含まれている。薩摩守はついこの間まで無賃乗車の隠語であったのだから、何と四〇〇年もこのしゃれは続いたことになる。こんなおおらかな心もだんだん薄れて行く時の流れは何だかさびしい気がする。

狂言とは別に、能の「忠度」がある。
「花をも憂しと捨つる身の、花をも憂しと捨つる身の、月にも雲は厭はじ……」とこちらは旅宿花の歌を主題とした真面目なもの。

（二〇〇四年九月二五日）

融

観世流能　浅見真州、他　彦根城能

これは、とてつもなく荒唐無稽な話である。旅の僧が、京都六条河原にて一人の翁に出会う。何をしているのかと問うと汐汲《しおくみ》と言う。都の真中でそれはあるまいと言うと、その昔 融《とおる》の大臣《おとど》が賀茂川の辺に、奥州塩釜の景色を模した邸を造り、難波から海水を運ばせ、塩を焼いたという。その夜僧の枕辺に融の大臣が現れ、舞を舞うが、夜明けと共に月へ昇る。

見所は、前段の翁の枯れた演技と後段の融の大臣の昇月の舞である。中間に狂言方一人による、融の大臣についての長い説明がある。あまりに驚くべき内容なので、わざわざ観客への理解のために設定してあるのかも知れない。

さて、いったいこの能は何なのか。融の大臣は嵯峨天皇の第十二皇子、源 融《みなもとのとおる》、八七二年に左大臣、八九五年に没。おとどは、ある人より塩釜の観景の良いことを聞いたが、あまりに遠くて見に行けないので、自分の邸内に、それを造ってしまったという訳である。

　賀茂川六条わたりに家いと面白く造りて住み給いけり。

塩釜にいつか来にけむ朝なぎに　つりする舟はここに寄りなむ（伊勢物語）

融亡き後は、さすがにこんな真似をする者は居なかった様である。

君まさで烟絶えにし塩釜の　うら寂しくも見えわたるかな

（紀貫之　古今集）

六条河原にうしお毎日三十石入れ、海底の魚貝を住ましめたり。海士のしお屋に烟をたたせてもてあそばされけるに、おとど失せられて後烟絶えたるを見て貫之詠める。

（顕註密勘）

荒唐無稽かと思ったが実話なのかも知れない。昔にも何々ワールドの好きな人が居たのだ。

（二〇〇四年九月二五日）

葛城 ―美神の舞―

金剛流能　宇高通成他　彦根城能

しもと結う葛城山に降る雪の　間なく時なく思ほゆるかな　（古今集）

題名は堅苦しいが美しい能である。葛城とは大和と河内の境界にある山である。葛城山に山の神（女神）が居たが、交通不便とて吉野まで岩橋を架けよと役《えん》の行者に命令された。予算も無いし人手も無いしと考えたかは分からないが、謡曲にあるのは、私はそんなにきれいでないから昼間人に見られるのは嫌だわと夜だけ仕事をしてお茶を濁していた。しかし仕事が遅いとて役の行者に蔦葛《つたかずら》で縛られてしまった。

旅の山伏が葛城山に差し掛かると吹雪となった。雪に難儀していると女が現れ自分の庵にて一夜をあかせと勧めるので、庵でしもとを焚いて暖をとる。山伏が夜の勤めを始めると、女は自分のために加持をしてくれと言うので訳を尋ねると、自分は葛城山の神であるが、蔦葛の呪縛が苦しいのだと言って消える。祈祷を進めると、葛城山の神が現れ呪縛を解かれた喜びの舞をまい、夜明けの前に岩戸の中へと還って行く。

「見苦しき顔ばせの神姿は恥ずかしや……」と謡にはあるものの、何と何と飛び切りの美人で、前段の舞、後段の舞とも艶やかな衣装につつまれて、見る者を陶然とさせるのである。

さて、この能と関連があるかはともかく、葛城姓は古代の豪族であり、葛城襲津彦《そつひこ》の娘磐《いわ》之姫《のひめ》は仁徳天皇の大后である。

（二〇〇五年五月一四日）

頼政

金剛流能　松野恭憲、他　彦根城能

時鳥名をも雲井にあぐるかな　（宇治左大臣）
弓はり月のいるにまかせて　（頼政）

宮中に現れた怪鳥鵺を退治して銘獅子王の剣を賜る時の左大臣との問答歌である。弓矢を取って並び無きのみならず歌道もすぐれたりとある。しかし、源三位頼政は保元平治の乱にて軍功有りと思っているが恩賞少なく、内裏守護の地位に長く、昇殿も許されず不満があった。

人しれず大内山の山守は　木隠れてのみ月を見るかな

の歌によりやっと昇殿が許され、四位から三位へと昇進する。

治承四年（一一八〇）頼政は高倉宮を奉り、平家に謀反して三井寺に蜂起するが、平家の本営六波羅を討つに至らず、南都へ落ちる途中宇治の平等院にて討死する。

埋木の花咲くこともなかりしに　みのなるはてはあはれなりけり　（辞世）

時に頼政は七十五歳であった。三位であり、丹波、若狭に知行もあって花なしと言うことも無かったのに残念なことと。また、この頼政の決起の地となった三井寺は平家の焼討ちにより数百の堂宇が炎上する。

一切経七千余巻、仏像二千余体、忽ちに煙となるこそ悲しけれ。

（平家物語　巻四）

さて、能の方であるが、南都へ赴く旅の僧が宇治へ差し掛かると不思議な老人に出会う。老人は旅僧を平等院へと誘い扇の芝にて頼政は自害したと説明し、今日はその命日であると言う。そして自分は頼政の幽霊であると言って消える。

（待謡）思い寄るべの波枕、汀も近しこの庭の扇の芝を片敷きて夢の契りを待とうよ

その夜僧は読経して待つと頼政の亡霊が現れ合戦の様を語り舞う。床机に座って采配を振るう舞の動きは珍しく面白い。また、この能にのみ使われる頼政の面と重厚華麗な衣装も見所である。

（二〇〇五年五月一四日）

口真似　大蔵流狂言　茂山千五郎　他、彦根城能

主人は美味しい酒をもらった。早速飲んでみたいと思ったが、一人で飲んでも面白くない。太郎冠者に誰か客を連れてこいと命じた。そこで太郎冠者は何とか酒好きの御仁を一人捜し当てて連れてきた。さて酒盛りの段となり、太郎冠者は自分は不調法者ゆえ客の相手はよういたしませんと主人に言うが、主人はかまわぬ、何でも自分の言う通りに真似をしておけば良いのじゃと言ってしまったので大変なこととなる。

客人が来て挨拶する段は良かったが、「やい、太郎冠者酒を持て」と主人が言うと、太郎冠者は客人に向かって、「やい、太郎冠者酒を持て」と言って自分は動かない。怒った主人は太郎冠者を扇子で打擲して酒は自分で取ってくるわと行ってしまったので、さあ大変、だんだん真似も難しくなったなあと言いながら太郎冠者は客人の頭をポン……。場内は大爆笑の連続である。これだけ大声で笑える狂言もめずらしい。笑う門には福来る、健康上にも非常に宜しいと思われお薦めの一番である。

（二〇〇六年四月二二日）

栗焼

大蔵流狂言　善竹忠一郎　他　彦根城能

秋も深まると栗の実も木から落ちて自然の恵みを動物に与えてくれるのだが、それを楽しみにしているのは、人間や熊だけではない。実は人を超えた方々もとても楽しみにしていたようである。

主人は立派な栗を四十個贈られた。この数は何故四十個なのだろうと首をひねっていると、太郎冠者は、しじゅう元気でとの意味ではないかと答える。おー、さすがじゃと主人も感心、お客を招いて食べてもらおうと、太郎冠者に栗焼きを命じたが……

太郎冠者も勇んで栗焼きに挑んだが、火加減が強すぎて焼き過ぎたのが一つ出来てしまった。虫食いも一つ発見、これもお客向けにはどうかなと思って自分で食べてみるとなかなかの美味。うまく焼きあがったものを、お盆に載せて主人の所へ運んで行くのだったが、ここで思わぬ障害が発生した。焼栗の香りがあまりに良かったので、かまどの神様が現れて味見させよと言ってまず一つ食べると、次にかまどの神様の奥方が私もと言ってまた一つ食べた。すると「食べたい！」と言って二、三十人の子供の神々が出てきてしまった。主人も大事だが神様も大事にしないと……。主人の所についてみるとお盆の上には栗は無かった。こんな報告を受けて主人はただあきれるばかりである。

焼栗の匂いがぷんぷんとして見ていてお腹が空いてくる、自分も太郎冠者だったら良いのにと思う舞台である。

（二〇〇五年十月二二日）

井筒 ―男装の麗人―

金春流能　高橋　汎、他　彦根城能

筒井つの井筒にかけしまろがたけ　過ぎにけらしな妹見ざるまに

比べこし振り分け髪も肩過ぎぬ　君ならずして誰かあぐべき

伊勢物語の白眉をなすこの相聞歌は、これだけで類の無い初恋の世界を創り出す。付け加える言葉はその香りの純粋を失わせてしまう。しかし人は齢をとる生き物であり、人の心も移ろう無常の生きものである。歌の美は永遠であり、移ろう人の心も常である。この移ろいの美を世阿弥は一編の能の中に凝縮せしめた、世阿弥会心の作である。

諸国巡りの僧が、在原寺と聴いて訪ねて見た。そこは昔在原業平と紀有常の娘の住んだ所との言伝えがある。秋の月に照らされた古寺は訪れる人も無く、風が松葉を震わせているのであった。

在原寺の跡古りて松も老いたる塚の草……まことなるかな古の跡なつかしき気色かな……

そんな時一人の女が井戸から水を掬い花水として塚に供えていたので聴いてみると、この辺りに住む女で、この寺に祀る在原業平を回向《えこう》しているとのこと。しかし、女は白地に黄色と薄緋の金刺繍の表、裏は緋色の衣を着て、如何にも故ある身と思われるので、業平は随分昔の方なのに何故と訪ねると……

まことはわれは恋衣、紀有常が娘とも……

自分こそ在原業平と契った紀有常の娘であると恥ずかしげに語って井戸の陰に消えてしまった。

ここで待謡となって次の展開を待つこととなる。

（待謡）更けゆくや在原寺の夜の月昔を返る衣手に、夢待ちそえて假枕、苔の莚に臥しにけり……

さて次はどんな美女が現れるだろうかと心待ちにしていると、これは何だろうか。先ほど消えてしまった女が何と男の服を着て現れて、見る者を、よよ！と驚かせる。女の言う、この服は業平様に頂いた形見の品、これを着ておられたあの方のお姿が懐かしい。今宵は月も冴えているので、も一度あの方のお姿を見られますかしらと、周りの薄を払って井戸の水面に映し出される姿を見つめるのであった。今はない恋人の面影をもう一度見てみたいと積もった女の思いが、男からもらった冠直衣《のうし》を着て井戸の水面に映る姿を覗くこの一瞬に世阿弥は幽玄の美を創り込めたのであった。

女は水鏡に何を見たのだろうか。静寂の中に能は終る。

その面は誰ぞ我が想いし人なりか　有明の鐘ほのぼのと影うすれゆく

（二〇〇五年十月二二日）

清経

観世流能　浦田保浩　他　彦根城能

かたみこそ今はあだなれこれなくは　忘るる時もあらましものを

（古今和歌集　よみ人知らず）

形見の品のあればあったで、つい故人を思い出してしまっていつまでも忘れられないのも辛いものと言うのが、この能の基調であるが、見所は武者の形の美しさである。ストーリーは源平盛衰記から巻三十三の「平家大宰府落ち、清経入海の事」を題材とし、世阿弥の作と言われているが、幾つかの原作には無い脚色がある。

清経は平重盛の三男であるが、源氏に追われて都を落ちる時、最愛の妻も一緒に連れて行きたいと思っていたが叶わず、心残りにも都に残して行かざるを得なかった。そんな妻の屋敷にある日清経の家臣である淡津三郎が訪ねてくる。そして、清経は柳が浦の戦いで雑兵の手にかかるよりはと、自ら入海して果てたと妻に語り、その時に鬢《びん》の髪を残してあったので持参したと妻に渡す。この淡津三郎の黒笠を被り首から形見の入った筒を提げた姿が美しい。前段の見所である。

見るからに心つくしの髪なれば　うさにぞ返すもとのやしろに
（源平盛衰記　注、かみは髪と神、うさは憂さと宇佐のかけ言葉）

さてこれを聴いて女房は驚いた。あら自殺したの。戦で討たれたり、病に倒れたりしたのなら仕方もないと思うのに、我が身を投げたとは悲しいこと。こんな形見をもらっても思い出しては気がふさぐ。いっそ宇佐八幡宮に返してしまいたいわ。と言っているうちに、もう舞台には清経が現れている。折角の形見を返すとは何事だと怒っている。だって見てても心が乱れてつらいわ、云々。おやおやノッケから夫婦喧嘩かいと見ている方はびっくりするが。このところを原作で見てみると話は大分変わっていて、形見は都落ちの途中で女房に届けられたのだが、それから三年も経つのに音沙汰もないので、もう宇佐八幡にお返ししようとて前記の歌とともに形見の髪を宇佐へ送ったが、それが清経の元へ届けられ悲しく思われたとある。もしかしたら、これが入海の引鉄になったのかも知れない。能にある様に折角もらった形見をすぐに返すとはやや無理があるので、これは原作の勝ちと思うのだが。

話を能に戻すと、女房の枕辺に現れた清経の亡霊は、その最後の様を妻に語るのであった。清経の衣装の美しさ、太刀を抜いての戦の所作、そして妻を思いながらの入水の模様など、バックコーラスの地謡にのって、時に勇壮に、時にしみじみと見せる型の美しさを堪能させられる能である。

（二〇〇六年四月二二日）

巻絹　観世流能　杉浦豊彦、他　彦根城能

音無しにかつ咲きそむる梅の花　匂はざりせば誰か知るべき
（沙石集　巻五）

天皇が神霊のお告げの夢を見て諸国から千疋の絹の反物を三熊野《みくまの》（本宮、新宮、那智）へ納めよとの宣旨を出した。勅使の役人は各国からの絹を待っているが、都からのものが期日を過ぎても届かないので、いらいらしている。そこへのんびりと巻絹を担いだ男が到着したので、役人は一人だけ遅れて来おって怪しからんと怒りにまかせて縄で括ってしまった。都の男は途中三熊野の音無しの天神に参詣していて遅れたのであった。やれやれえらい事になったなあと思っていると、そこへ突然美女が現れる。手には梅花のこぼれる枝を持ち、その枝には歌の書いた白紙が結わえてある。そして役人にこの男は途中で天神に歌を手向けたので遅れたのだ、天神に免じて許しておやりと。役人はこんな男に歌が詠めるはずはないと言いはるが、それなら男に上の句を言わせせよ、自分が下の句をつけるからと言って、巫女はさっさと男の縄を解いてしまう。

舞台では巫女の美しい舞が始まる。ゆったりとして始まるが、段々神が乗り移った様に乱拍子となり、また最後は緩い動きとなって終る。巫女の美しい神楽舞を見る能である。

ところで千疋の巻絹とは一体何に使うのだろうか。事典によると一疋は二反、一反は成人一人前の衣料分量に相当するとある。即ち、千疋とは二千人分の衣料に相当するわけだ。勿論、寺院では衣料の他、幕や旗指物にも使う。当時寺院は多くの僧兵を抱え、一大勢力を作って政治へ介入、中央政権もこれらの勢力を利用していた。三熊野も例外ではない。巻絹千疋とは、むむっ、僧兵二千人分か、なんだかきなくさいぞー。などと余計なことを考えずに素直に巫女の美しい舞を観賞すればよい。

（二〇〇六年四月二二日）

半蔀（はしとみ）　宝生流能　三川　泉他　彦根城能

折りてこそそれかとも見めたそがれに　ほのぼの見えし花の夕顔

京都北山の雲林院の僧が一夏の間花を立てて修行をしたが、そろそろ秋にもなった。花も命のある物なので、立花供養をしようと読経をしていると女が現れ花を供えている。その風情に惹かれて何の花かと問うと、あら、ご存知ありませんの。夕顔という花ですのよ。どうせ薄暗くなってから咲く花ですものね、と拗ねる。さらにどちらから来られたかと問うと、花の陰から来ましたの、と言い渋っていたが、ついに五条辺りに住む者、名は夕顔と言って消える。はて、五条の夕顔とは……

ここで間狂言が入り源氏物語の夕顔の帖の説明がある。光源氏が牛車で五条を通った時、垣に咲く美しい花を見つけて近くで見たいと思い、おつきの者に採って来る様に命ずると垣の中に入って花を折った。蔀戸《しとみど》の中からそれを見ていた女が童に扇を持たせ、その上に花を載せて献上させる。扇には香が焚きこまれ一首の歌が添えられていた。

こころあてにそれかとぞ見る白露の　ひかり添えたる夕顔の花

光源氏は、それを見てたちまちその女に魅入られて歌を送る。

寄りてこそそれかとも見めたそがれに　ほのぼの見つる花の夕顔

しかし、この恋も夕顔の花の様にすぐに萎んでしまう運命にあった。

冒頭に挙げた謡本では「折りてこそ」となっているが、源氏物語では「寄りてこそ」とある。武家の気合と貴族の雅が対照する言葉遣いである。

舞台では間狂言が終ると、笛が蕭蕭《しょうしょう》として響き謡は低く静に語りはじめる。昔日の源氏とのありし日に想いは時を越えてゆく。幕が上がり後シテの夕顔の霊が現れ、舞台に置かれた半《は》蔀《しとみ》の作物の中に入る。蔀戸は蔦が巻き夕顔の瓢箪が下がっている。かつて夕顔の住んだ家も今は荒果て秋風も激しく吹いている。夢の姿を見せ給え、菩提を深く弔わんとの僧の呼びかけに渋っていた夕顔の霊はついに半蔀の作物から出てその姿を現す。源氏との馴れ初めを語る地謡に合せて扇をかざしてしみじみと、また楽しげに時を忘れて舞続ける夕顔だったがやがて夜明けの鐘とともに半蔀の中に消えて能は終る。

この能の見所は蕭蕭とした笛の音と静に昔日を語る謡、そして舞う夕顔の美しさである。夕顔の精と夕顔の霊は見る者に二つのファッションを楽しませてくれる。前段は多色の花があふれる華麗で重厚な唐織《からおり》着流《きながし》のスタイル、後段では白い摺箔《すりはく》に緋色の大口袴、その上に刺繍をあしらった薄い長絹《ちょうけん》は清楚で軽やかな姿である。この動く美術品たる装束は一時の至福を与えてくれる能の一大要素である。

能は終ったのに夕顔の舞は続いていて消える気配はなく、秋雨のそぼ降る中に虫の音は一層の静けさを増してゆく。早く終りすぎた恋に夕顔の無念の想いは何時まで続くのであろうか。余韻の消えない舞台である。

（二〇〇六年十月一日）

橋弁慶

観世流能　古橋正邦他　長浜八幡宮

十月と言うのに秋風冷たく底冷えのする天気である。神主を先頭に数人の列が現れ火入れの儀式となり、二ヶ所にかがり火が燃え始めた。囃子方が静かに着座すると弁慶の登場である。供を連れた弁慶が舞台中央で名乗りを上げる。

「これは西塔の傍らに住む武蔵坊弁慶にて候……」

シテ古橋正邦の演ずる弁慶は山が動くかの様である。弁慶の往時もかくやと思わせる存在感を観客に投げかける。

弁慶は五条の天神参りをしていて今日が満願の日に当たる。供が言うには昨日五条橋に小太刀を持つ少年が現れ蝶や鳥の様に身軽に跳んで人を打つと聞くので、今日のお参りは止めてはどうかと。聴いて弁慶も驚き、今日は止めようかと考えたが、弁慶ほどの者が逃げるのも残念、ひとつ化け物を退治してやろうと出かけることとした。

牛若丸は母の言いつけで明日は寺へ入らないといけない。遊んでおられるのも、今夜限りだ。誰かからかう者が来ないかと手持ち無沙汰に待っていると、大薙刀を担いでゆらりゆらりと弁慶が現れた。牛若丸は薄衣を頭に被っていたので、なんだ女かと弁慶は通り過ぎるが、牛若丸は薙刀を蹴って挑発する。

弁慶の薙刀に牛若丸の小太刀が丁々と打合うと、声にならないどよめきが起った。牛若丸の小太刀が粉々に壊れて舞台に散ったのだ。だが、牛若丸は少しもあわてず柄《つか》だけの小太刀を八双に構えて弁慶を睨んで対峙する。すると舞台の後方に座っていた後見が静々と進み出て舞台上に散らかった木片を集め、そして代わりの小太刀を牛若丸に与えたのだ。

能は何事も無かったかの様に進行して終った。観客にはホッとした空気のなごみがあった。こんなことも時にはあるのだ。それにしてもよく小太刀の替えがあったなーと妙な所に感心することしきりの我が心であった。

（二〇〇六年十月十五日）

養老 ―三倍楽しめる水波の伝―

観世流能　観世銕之丞　他　彦根城能

養老は瀧の水が酒に変わる養老の瀧として有名である。続日本紀に曰く、元正天皇霊亀三年九月美濃国不破に滞在の折、多度山の泉を訪れ手や顔を洗ったところ皮膚がなめらかとなり、痛かった痛みも除かれたとて、大いに気に入られた。また、飲むと長寿になるとの伝えもあり、目出度い天の賜物を発見したと大いに慶び年号を養老と改めたとある。

能は笛の一声で始まる。ワキとワキツレの三人が登場する。三人のユニゾンで、次に地謡のコーラスで

「風も静かに楢の葉の、風も静かに楢の葉の鳴らさぬ折ぞのどけき」と謡われる。ワキは朝廷の使者、ワキツレはその従者で「不思議な泉」を調べてくるよう命じられている。刺繍のある紺地や紅地の衣装が美しい。

「治まるや国富み民も豊にて……」などと謡っているうちに勅使の一行は「ほどなく養老の滝に着きにけり」と養老に着いてしまう。ワキとワキツレは舞台に着座する。

また笛が鳴って舞台は転換する。シテの老翁と少年風のシテツレが現れる。老翁は杖をつき、少年は背に柴を手に水甕を持っている。老翁は少年と共に、歳は六十を越え、頭髪も白くなったが、瀧の水は心を清めてくれると謡う。

「松蔭の岩井の水は薬にて、老を延べたる心こそ、なお行く末も久しけれ……」

これを聴いて座っていた勅使は立上がり養老のいわれを聴く。そこで老翁はその発見を語り勅使を案内する。

翁は「げにや玉水の水上澄める御代ぞとて流れの末のわれ等まで、ゆたかにすめる嬉しさよ……」と楽しげに舞う、前半のクライマックスである。この翁の語りと舞でまず大満足の美酒となっている。

舞台はまた転換して翁と少年は退場してしまう。さてこれからただごとでない不思議が起る。

「天より光かがやきて瀧の響も声澄みて、音楽聞こえ花降りぬ。これただ事と思われず。……」

太鼓が鳴って囃子が続く中に後シテが登場する。何とびらびらの付いた冠を被った天女が緋色の袴で静々と進み出て、

「天が下照る日の光、曇りはあらじ玉水の薬の泉はよも尽きじ……」と謡ってゆったりと舞う。

何故こんな天女が？と見ほれているうちに、また次のシテが現れる。長髪で何やら恐ろしげで黒地に金模様の衣装である。山神だ。後シテの天女もツレ方三人と舞台に居残っていて賑やかである。この中で急乱拍子にのって山神が迫力のある舞を見せる。後半のクライマックスである。

「玉水の上澄む時は、下も濁らぬ瀧津の水の……よき御代なれや、万歳の道に帰りなん……」と謡って終る。

上澄むことが何時の時代も重要だがそれはさておき、この能では三様のシテを楽しめる豪華版の演出であった。

水波の伝では、後シテとして天女が登場するのが特徴である。前半の老翁の舞と後半の山神の間に一瞬の華やかさを盛り込んで山神の力強さを盛り立てている。

（注）天女を後ツレとする表現もあるが、今回は彦根城能詞章に依った。

（二〇〇七年四月二一日）

竹生島 ―女体―

喜多流能　塩津哲生、他　彦根城能

「竹に生まるる鶯の竹生島詣急がん……」で始まる竹生島は琵琶湖北端に浮かぶ小島である。弁財天を祀る宝厳寺は神亀元年（七二四年）聖武天皇の勅により僧行基が開基したと伝えられる。また都久夫須麻神社の本殿は秀吉が天皇の行幸を迎えるために造ったという日暮御殿がある。

囃方が入場するとその前にたたみ一畳ほどの台が置かれる。台の縁は紺地に三段の金紋が付いている。続いて四本の細い柱の上に赤い屋根の付いたものが運ばれ台の上にセットされた。どうやら弁天宮の様であり四本柱には青いカーテンが張ってあって中は見えない。さらに竹を白布で巻いた細長い楕円状の組物が舞台左側にセットされた。竹生島へ渡る舟であろう。

笛が勢い良く鳴って能が始まる。立派な服装をした人物が三人現れ、「これは延喜の聖代に仕え奉る臣下なり」と名乗る。延喜の聖代とは九〇一年から九二二年まで醍醐天皇の時代である。平安のゆったりした時代背景で竹生島詣も楽しい設定である。臣下達は山越えをしてやっと琵琶湖に着いたわいと座って島へ渡る舟を待つ。と、美しい衣を着た女が翁を従えて静々と登場し、舟の中に入って謡う。

「面白や頃は弥生の半ばなれば、波もうららに海の面、霞渡れる朝ぼらけ……浦山かけて眺むれば志賀の都花園……」

これを見つけた臣下は釣舟だというのに頼み込んで竹生島へ渡してもらう。作り物は小さいので三人しか乗れない。臣下が先頭に、女が真中に座り翁は後ろに立って舟を漕ぐ。

「所は海の上、国は近江の江に近き、山々の春なれや花はさながら白雲の……」と謡いながら舟は行くと竹生島が見えてくる。

「緑樹影沈んで魚木に登る気色なり……」と島の風情を詠むうちに竹生島へと到着して舟を降りる。臣下と一緒に女も降りるのでここは女人禁制なのではと問うと、弁財天は女体なのに、女人禁制とはとんでもないと答える。舟の作り物は片付けられ、女は消えて(中入り)、翁は舞台中央の社の中に入る。

ここで狂言方の語りとなる。島の強力なる男が出てきて島の由来を述べ、弁財天の宝を初めて参詣したのだから見たことが無いだろうと臣下に見せる。蔵の鍵がある。いかにも財産が貯まりそうな気がする。次が数珠である。信仰心が重要だとのことだろう。もう一つ大きな二股の竹が出て来た。さてこれは何だろうか。こんな事をやっている間に舞台中央の青幕の中でシテの衣装が替ってゆく。

地謡で「御殿しきりに鳴動して……」と謡うと、お宮の作り物の青幕がはずされ、前段で入った前シテの翁は後シテの弁財天に替っている。緋色の袴に白地に鳳の金紋のある衣を着し頭上に飾の揺れ動く冠を被っている。

「その時虚空に音楽聞こえ花振り下る春の夜の月に輝く少女の袂……」と地謡にのってゆったりとたっぷりした天女の舞が続く。心地よく聴く中に急に拍子が変わる。龍神の登場である。赤髪をして恐ろしげな顔である。盆の上に何やら載ったものを捧げて飛出して来ると盆を臣下に渡す。載っているものは火焔玉という宝の玉である。

「龍神湖上に出現して、光も輝く金銀珠玉を彼の稀人に捧ぐる気色有難かりける」と地謡は説明する。よよ！と思っている間に龍神は舞台を素早く駆け巡りたちまち姿は見えなくなってしまう。弁財天は宮が舞台の真中にあるので消える訳にはゆかない。龍神の去った方を眺めている。そして能は終る。天女の舞をたっぷり見せる喜多流の特別演出「女体」である。前段の翁と後段の弁財天を同じシテが演じるのが特徴である。

（二〇〇七年十月八日）

自然居士
—男伊達の魅力—

喜多流能　香川靖嗣、他　彦根城能

時は鎌倉時代、京都の東山雲居寺に説法の上手な僧が居て評判を呼んでいた。そんな所に少年が現れ小袖を差し出した。亡くなった親を供養してほしいと文（諷誦文《ふじゅもん》）が添えられている。自然居士《じねんこじ》は黒色の水衣に金地の大口袴を着て舞台中央の床机に座って風誦文の巻物を開いて読み上げる。この姿が実に美しい。

「敬ってもうす、受くる風誦の事、……二親《にしん》精霊《しょうれい》頓証《とんしょう》菩提《ぼだい》の為、身の代衣《しろころも》一かさね三宝に供養し奉る。……」

身の代衣とあるからには自らの身を売って得た衣であろう。親の供養に差し出すとは何と健気な子供であろうと、涙で袖を濡らさぬ人は無かったが、そんな中に人買いが現れて子供を引っ立てて行ってしまった。自然居士は親の供養を願う子の心は尊いが身を売った代わりの衣は受け取れない。子供は善人、人買いは悪人、善を助けるのが法の役目、衣を返して子供を取り戻そうと衣を首に巻いて人買いの後を追う。

琵琶湖の湖岸でまさに出ようとしていた舟に追いつく。「おーい、その人買い舟待て。」と言うと男達も後めたいと見え、人買い舟とは何事かと怒る。自然居士はひとかい舟とは櫂が一つの舟のことだとかわす。衣を返すから子供を放せと求めるが、男達はなかなか言う事を聴かない。居士は舟に乗り込み子供を返すまでは舟を降りない。陸奥の国でも、どこまででも付いて行く、命を捨てるのも捨身の行、少しも怖くないというと、男達もえらい奴が乗り込んできたと思ったが、こんな坊主を都から買って帰るわけにもいかず、さりとて子供を返すのも癪に障る。坊主を散々になぶって逃げ帰らそうといろいろの注文をつける。居士は舞の上手と聴くが、烏帽子を付けて舞を舞え、簓《ささら》を持って踊れ、鼓を打ってみせろなど、男達に言われるままに舞い踊る。この踊りが見ていて実に面白いのである。根負けした男達は子供を放し、居士と子供はめでたく都へ上る。

人買いなどというやや重苦しい設定だが、このテーマはさほど重要ではない。男達の要求に応じて次々と舞う自然居士の若々しい美しさと舞の上手を見せる能である。何時までも見ていたいと思わせる見事な演技であった。

（二〇〇七年十月八日）

参考・引用文献

一　日本古典文学大系　岩波書店
二　紫式部日記　新潮日本古典集成　新潮社
三　国歌大観　角川書店
四　歌枕大観　森本茂編著　大学堂書店
五　近江歴史紀行　びわ湖放送編　秋田書店
六　佐々木道誉　村屋辰三郎著　平凡社
七　群書類従　塙保己一　平文舎
八　京都大辞典　淡交社
九　マキノ町史　マキノ町
十　秦荘の歴史　秦荘町史編集委員会　秦荘町
十一　近江路の彫像　宇野茂樹　雄山閣
十二　古寺巡礼　湖東三山　淡交社
十三　風土記　吉野裕訳　東洋文庫　平凡社
十四　日本苗字大辞典　丹羽基二編　芳文館
十五　謡曲全集　野一豊一郎編　中央公論社
十六　謡曲大観　佐成謙太郎　明治書院
十七　アサヒビール大山崎山荘美術館誕生物語　中山禎輝　ＰＨＰ研究所

近江漫遊　歴史と古典の世界に遊ぶ

2009年９月10日発行

著　者／菊　池　光　治
〒526-0017 滋賀県長浜市相撲町1642-8
☎0749-63-5832

発行者／岩根　順子
発行所／サンライズ出版株式会社
〒522-0004 滋賀県彦根市鳥居本町655-1
☎0749-22-0627
印　刷／サンライズ出版株式会社

ISBN978-4-88325-395-1　Printed in Japan　定価はカバーに表示しています。

乱丁・落丁本はお取り替えいたします。